STOP
ansiedade

Amanda Dreher
CRIADORA DO MEDITAR TRANSFORMA

 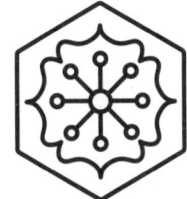  

STOP
ansiedade

O GUIA DEFINITIVO PARA VOCÊ SAIR
DO CICLO DA ANSIEDADE EMOCIONAL

Luz da Serra
EDITORA

3ª Edição - Nova Petrópolis/RS - 2024

Capa: Marina Avila

Revisão: Luana Aquino

Dados Internacionais de Catalogação na Publicação (CIP)

D771s   Dreher, Amanda.
        Stop ansiedade: o guia definitivo para você sair do ciclo da ansiedade emocional / Amanda Dreher. – 2. ed. – Nova Petrópolis : Luz da Serra, 2019.
        200 p. ; 23 cm.

        Inclui bibliografia.
        ISBN 978-85-64463-67-7

        1. Autoajuda. 2. Autoconhecimento. 3. Ansiedade. 4. Cura pela mente. 5. Emoções. 6. Sentimentos. I. Título.

                                   CDU 159.947.2
                                   CDD 158.1

Índice para catálogo sistemático:
    1. Autoajuda   159.947.2
    2. Autoconhecimento 159.947.3
    3. Ansiedade 159.942

(Bibliotecária responsável: Sabrina Leal Araujo – CRB 10/1507)

Todos os direitos reservados. Nenhuma parte desta obra pode ser reproduzida ou transmitida por qualquer forma e/ou quaisquer meios (eletrônico ou mecânico, incluindo fotocópia e gravação) ou arquivada em qualquer sistema ou banco de dados sem permissão escrita da Editora.

Luz da Serra Editora Ltda.
Rua das Calêndulas, 62
Bairro Juriti
Nova Petrópolis/RS
CEP 95150-000
loja@luzdaserra.com.br
www.luzdaserra.com.br
www.luzdaserraeditora.com.br
Fone: (54) 99263-0619

GRATIDÃO

Eu acredito verdadeiramente que ninguém evolui sozinho! E a vida me ensinou que as coisas realmente importantes e valiosas também não são feitas sozinhas.

O "nascimento" de um livro é algo grandioso demais para ser feito apenas por uma pessoa. Por isso, tenho muito a agradecer.

Sou grata aos grandes mestres por me ensinarem a importância de acalmar a mente e controlar as emoções, por me mostrarem o caminho.

Sou grata a todos que compartilharam sua história de vida comigo, me permitindo aprender na prática, transformando conhecimento intelectual em sabedoria do coração.

Agradeço ao Nico, que é muito mais do que um marido, com quem tenho o privilégio de aprender e compartilhar conhecimentos e práticas.

Agradeço a cada um dos meus professores, mentores que compartilharam seus conhecimentos e experiências.

Agradeço ao suporte e carinho dos amigos e da família (inclusive a canina e felina), que são fonte de inspiração e aprendizado no dia a dia.

Agradeço às equipes do Feliz Com Você e da Luz da Serra Editora por fazerem tudo com capricho.

Agradeço ao Universo pelo privilégio de ser instrumento de todo este conhecimento que vou compartilhar com você nas próximas páginas.

SUMÁRIO

AFINAL, O QUE É ANSIEDADE?.................................13
[Armadilha] Ansiedade não é causa, é consequência....21
[Causa] A Síndrome da Ausência da Presença.................24
O MÉTODO CLARA...29

[PASSO 1] CONHECER..35
[Porquê] Vida Atual x Vida Ideal....................................36
[Mente] Pensamentos, Sentimentos e Emoções 40
[Energia] O Poder da Mente..46
Ciclo da Ansiedade Emocional.......................................49
Condicionamentos Mentais..51
Circuitos Emocionais Reativos.......................................53
[TESTE] Qual Nível do Ciclo da
Ansiedade Emocional você está 57
Os 5 Níveis do Ciclo da Ansiedade Emocional..............57
Nível 1 – Inércia...60
Nível 2 – Escuridão..62
Nível 3 – Eu Sozinho..65
Nível 4 – Julgamento...67
Nível 5 – Explosão...69

[Hora da Ação] Exercícios e Práticas..................71
Exercício de Clareza Interior..................71
["PP"] Momento do Presente Precioso..................74
[Revisão] O que você aprendeu até agora..................77

[PASSO 2] LIMPAR..................79

[Desapego] O Poder de Encerrar Ciclos..................81
[Superação] dos Condicionamentos Mentais e Circuitos Emocionais Reativos..................84
[Perdão] Não existem Vítimas, Culpados ou Vilões..........90
A Coragem de Aceitar suas Imperfeições..................94
[Detox] Corpo e Mente..................98
[Hora da Ação] Exercícios e Práticas..................106
[Respire] Superdica!..................106
Respiração da Abelha..................107
[Afirmação de Poder] Oração do Perdão..................110
Água Solarizada Azul..................112
[Revisão] O que você aprendeu até agora..................116

[PASSO 3] ACREDITAR..................119

A Origem do Sofrimento..................120
Os Guardiões da Ansiedade..................125
[Comparação] Palco x Bastidor..................129
[Desacelerando] Conexão Interior..................133
Níveis de Conexão Interior..................136
O Poder da Gentileza..................139

[Hora da Ação] Exercícios e Práticas..................................**143**
Pare de Reclamar e Concentre-se nas Coisas Boas......**143**
Meditação do Balão..**146**
[Desafio] Exercitando a Gentileza **149**
[Revisão] O que você aprendeu até agora..................**151**

[PASSO 4] REALIZAR..**153**
O Poder das Escolhas..**154**
A Vida não é Eterna **157**
[Foco] O Meu, o Seu e o de Deus **161**
[Hora da Ação] Exercícios e Práticas..........................**165**
[Vilões] 3 Hábitos da Ansiedade.................................**165**
[Meditação] Entrego, Confio, Aceito e Agradeço........**170**
[Revisão] O que você aprendeu até agora..................**173**

[PASSO 5] AGRADECER..**175**
[Privilégio] A Vida é uma Oportunidade.....................**176**
[Gratidão] Como Superar Momentos Difíceis...............**180**
A Energia do Amor Transforma..................................**186**
[Hora da Ação] Exercícios e Práticas..........................**189**
Lista de Gratidão..**189**
[Revisão] O que você aprendeu até agora..................**193**

PALAVRA FINAL..**195**

Bibliografia..**198**

PARA QUEM É ESTE LIVRO

Para quem não aguenta mais sofrer com a ansiedade. Para quem sente uma espécie de insatisfação constante.

Para quem se sente cansado, esgotado e sem energia. Para quem quer saber o que fazer para conseguir controlar as crises de ansiedade.

Para quem não aguenta mais viver no piloto-automático, sempre correndo para tentar dar conta de tudo.

Para quem não aguenta mais as cobranças e a pressão interna, e sente em alguns momentos que vai explodir.

Para quem vive em uma eterna gangorra emocional – quando as coisas estão bem, está tudo bem, mas quando aparece alguma dificuldade, aí não consegue manter o controle. (*Cá entre nós, você e eu sabemos que a vida sempre vai nos apresentar desafios, não é mesmo?*)

Para quem tenta relaxar e não consegue.

Para quem não consegue dormir direito à noite. Então, já acorda de manhã cansado e sem energia.

Para quem sente que sua mente não para e vive em uma constante conversa mental, sempre remoendo lembranças do passado ou preocupado com o futuro, sem conseguir aproveitar o momento presente.

Para quem não aguenta mais ser dominado pela sua mente sem conseguir realizar as mudanças que deseja.

Para quem deseja ter um método simples, prático e rápido para controlar a ansiedade.

Para quem tem *consciência* que, para que uma transformação aconteça, mudanças precisam ser feitas (isso não quer dizer que vai ser sofrido ou complicado, nada disso. Quando você tem um método é possível mudar de forma leve e natural).

PARA QUEM NÃO É ESTE LIVRO

Para quem busca um milagre, ou um salvador, que em 7 dias acabe com a ansiedade sem você precisar fazer nada (*e sinceramente, você e eu somos pessoas inteligentes e sabemos que isso é impossível*).

Para quem acredita que a solução da ansiedade está apenas em medicamentos e remédios controlados.

Para quem quer saber mais sobre ansiedade (*isso não resolve o problema*).

Para quem busca definições e conceitos teóricos sobre o que é ansiedade e outras derivações (*definitivamente você não vai encontrar isso aqui*).

Este livro não é para quem quer saber mais sobre sintomas e tratamentos sobre ansiedade.

Ou para quem insiste em buscar culpados para sua ansiedade e ainda não tem maturidade emocional para assumir a sua parcela de responsabilidade.

Não é para quem deseja uma cura definitiva para a ansiedade. (*Entenda que a ansiedade sempre vai existir, mas você pode escolher se será controlado por ela ou se você controlará a ansiedade*).

AFINAL,
o que é ansiedade?

ANSIEDADE É CONSEQUÊNCIA!

Muito mais do que uma preocupação, uma angústia, uma insatisfação... A ansiedade é uma verdadeira prisão emocional!

Há uma série de sintomas da ansiedade:

✓ A sua mente não para.

✓ O seu peito dói.

✓ Há uma sensação de vazio, uma angústia.

✓ Esgotamento físico, mental e emocional.

✓ Seu sentimento é de impotência.

✓ Sente-se sobrecarregado.

✓ Tem medo e preocupação com o que ainda nem aconteceu.

✓ Observa sintomas físicos como taquicardia, hipertensão e dores de cabeça.

Mais do que isso, você deita à noite para dormir e não consegue. Acorda cansado, sem energia, sem paciência.

No trabalho não consegue fazer o que precisa ser feito, perde o foco, não consegue encontrar soluções para os problemas. Parece que as coisas não dão certo.

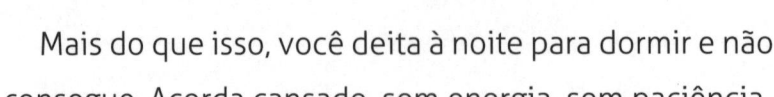

Você se sente amarrado, sufocado com o ritmo de vida acelerado e sem tempo para nada.

Você está insatisfeito, fica tenso, perde o controle das suas emoções e acaba brigando com as pessoas que ama.

Você fica preso em um Ciclo de Ansiedade Emocional, cada vez mais preocupado, cada vez mais cansado, cada vez mais angustiado.

NO FUNDO DO SEU PEITO, VOCÊ SABE QUE ISSO NÃO É NORMAL!

Neste momento, começa a buscar ajuda por meio de livros, terapias, remédios, cursos, férias... Mas nada disso funciona. Algumas vezes até melhora um pouco. Porém, quando percebe, volta tudo de novo.

Você começa a acreditar que não há uma saída, que para o seu caso nada funciona.

O que acontece é que a grande maioria dos livros, cursos e terapias foca em superar, vencer ou controlar a ansiedade, e você acaba caindo na maior **armadilha** que existe, que é esquecer que ansiedade não é causa, mas **consequência**!

Quando você quer resolver um problema, não adianta tratar a consequência. É preciso tratar a causa, e isso é óbvio, não é mesmo?

Imagine que você está com olheiras. Você pode até passar maquiagem para a olheira desaparecer, ou melhor, para "encobri-la, torná-la oculta".

Mas, quando você lavar o rosto, vai ver que a olheira continua ali, assim como suas causas. Ela apenas deixou de estar à vista. Enquanto você não descansar e recuperar a sua energia, a olheira não vai sumir.

Assim é com a ansiedade. Não adianta mascará-la, é preciso tratar as suas causas.

Aqui, eu vou compartilhar com você um caminho simples e prático, um método com 5 passos para você dar um STOP na Ansiedade!

Este livro é o seu MAPA do Caminho da Serenidade!

> **ASSIM É COM A ANSIEDADE. NÃO ADIANTA MASCARÁ-LA, É PRECISO TRATAR SUAS CAUSAS.**

ANSIEDADE NÃO É DOENÇA!

A ansiedade é um estado emocional em que o indivíduo se sente impotente e indefeso frente a um futuro incerto e perigoso, segundo a definição do Dicionário Michaelis.

É um estado inerente à natureza humana, ou seja, faz parte do ser humano sentir ansiedade.

No entanto, a ansiedade saiu do controle, e este estado de preocupação e medo se tornou constante, causando sofrimento físico e emocional.

Quando isso ocorre, aí sim, a ansiedade, deixa de ser uma condição natural do ser humano e passa a ser uma doença.

O problema é quando a sua vida passa a ser dominada pela ansiedade.

Quando isso acontece, você deixa de ser quem você é, perde a capacidade de escolher e é dominado por uma espécie de insatisfação constante.

A ansiedade destrói relacionamentos, devasta a saúde, acaba com carreiras, tira a sua energia, faz você se sentir infeliz e se esqueça da pessoa que você era até pouco tempo atrás.

Ela faz com que você não consiga
dormir quando deita a cabeça no travesseiro.

Ela faz você se preocupar com coisas que
ainda não aconteceram.

Ela não permite que você esqueça, perdoe
e supere o que já passou.

Ela faz você sentir que o tempo está passando
muito rápido ou que o tempo passa muito devagar.

Ela traz a sensação que você não
tem tempo para nada.

Ela faz você sentir uma insatisfação constante.

Ela faz você se importar demais.

Ela faz com que você não
consiga relaxar e aproveitar a vida.

Com a mente confusa em um turbilhão de pensamentos, presa em condicionamentos mentais e circuitos emocionais reativos (vou explicar o que é isso no próximo capítulo), você se torna incapaz de tomar ações conscientes.

As situações da vida acontecem, e você, dominado pela mente ansiosa, preso ao Ciclo da Ansiedade Emocional, simplesmente reage a elas impulsivamente ou fica paralisado.

E esse ciclo já foi explicado pela neurociência. A ansiedade, o medo e a preocupação ativam a amígdala cerebral, uma região primitiva do cérebro responsável pelo instinto de luta ou fuga.

Isso gera uma sensação de impotência e frustração. Ao invés de usar toda a sua energia para criar uma vida de infinitas possibilidades, você se torna uma vítima dos acontecimentos.

Então, começa a se sentir sufocado pela vida, como se estivesse em uma verdadeira prisão emocional, que o impede de ser feliz, de sentir paz, de ter serenidade.

E olha só que interessante. A palavra ansiedade, segundo a Revista Superinteressante, veio primeiro do alemão: *angst*; depois do latim: *angor*, que, por sua vez, procedeu a palavra egípcia *ankh*. No Egito antigo, esse era o nome dado ao símbolo do sopro da vida, que tinha origem na primeira tomada de ar de um bebê na hora do nascimento.

Ou seja, já na raiz mais remota, a palavra "ansiedade" estava relacionada à respiração – ou à falta dela. É como se a ansiedade não lhe permitisse respirar, não lhe permitisse viver. Para mim, ansiedade nada mais é que um estado de separação. É quando você se separa da sua essência, desconecta-se da fonte da vida, do Universo.

Quando você se separa da fonte da vida, sente-se vazio, insatisfeito, com a necessidade de controlar. Muitas vezes, também se sente sobrecarregado, porque acredita que tudo depende de você.

No estado de separação, você não consegue acessar a energia do amor.

Hoje, a ansiedade é considerada o mal do século. E os dados da Organização Mundial da Saúde (OMS) são assustadores. Estima-se que 33% da população mundial sofra com a ansiedade. E o Brasil é o país do mundo com o maior número de pessoas ansiosas. Isso significa que 18,6 milhões de brasileiros apresentaram alguma forma de transtorno de ansiedade em 2015.

É importante lembrar que esses dados não são apenas números. Por trás dessas estatísticas, existem seres humanos, como eu e você, que estão sofrendo neste exato momento.

As pesquisas mostram que a ansiedade cresce a cada ano no mundo todo. Assim como também cresce o uso de medicamentos para tentar diminuí-la. No período de 2010 a 2016, o consumo de fármacos – ansiolíticos e outras substâncias – para controle da ansiedade teve um aumento de 110% no Brasil!

Isso é um número muito alto, não é mesmo?

Talvez você deva estar pensando: "Mas essa conta não fecha? Como pode a ingestão de medicamentos para controlar a ansiedade aumentar a cada ano, e o número de pessoas ansiosas também?"

Isso revela que as fórmulas e métodos tradicionais para controlar a ansiedade não estão funcionando.

Por isso, a primeira coisa que você precisa fazer para dar um basta na ansiedade é identificar as causas dela, ou melhor, a real causa da sua ansiedade.

[ARMADILHA] ANSIEDADE NÃO É CAUSA, É CONSEQUÊNCIA!

Imagine que você tem um vazamento na sua sala. Você pode colocar um balde ou secar com um pano. Até vai resolver na hora, só que, logo depois, vai estar tudo molhado outra vez. Enquanto você não cuidar do cano que está vazando, nada disso vai adiantar.

Hoje, no mundo todo, já são mais de 300 mil livros e 100 mil artigos médicos sobre a ansiedade, e o número aumenta todos os dias.

Não existe ninguém no mundo que nunca tenha sofrido (ou que não vai sofrer) com uma crise de ansiedade. Em algum momento, você vai ficar preocupado, com medo ou com a sensação de que não vai dar conta de tudo.

Mas, enquanto não entender que a ansiedade não é a causa, e sim consequência, você não vai conseguir controlar esse sofrimento.

MAS, AFINAL, QUAL É A CAUSA DA ANSIEDADE?

Será o ritmo de vida acelerado, o excesso de compromissos e informações, a sobrecarga de trabalho, a insegurança, o trânsito, a competitividade no ambiente de trabalho, as mídias sociais, a alimentação, a genética, a alteração hormonal, as condições sociais ou o estilo de vida?

Como conseguir manter a paz interior em meio à loucura que está o mundo aí fora hoje?

Você já acreditou que algum desses fatores eram a causa da ansiedade? (Eu já, por muitos anos).

É claro que a quantidade de informações, o ritmo de vida moderno e as pressões podem ser um fator agravante de um estado de ansiedade, mas nunca a causa principal.

É um grave erro tentar achar culpados para a ansiedade, acreditar que fatores externos são a causa.

Quando fiz uma reforma na minha casa, tempos atrás, uma das pessoas que trabalhou lá me contou que era muito ansioso. Quando tinha muito trabalho, ele ficava preocupado, ansioso e não conseguia dormir. Mas, se tinha pouco trabalho, ele também ficava preocupado e ansioso...

A conclusão a que ele chegou foi óbvia, a causa da ansiedade não era o excesso de trabalho ou a falta de serviço, nas palavras dele: "Eu vi que a ansiedade era uma coisa da minha cabeça".

A ansiedade é um estado emocional de preocupação e medo em relação a algo que ainda não aconteceu – e que, muitas vezes, nem chega a acontecer.

Ansiedade é algo interno, e a causa da ansiedade também é interna. Por isso, enquanto você não decidir olhar para dentro de você e entender seus processos internos, nada vai funcionar. Enquanto não ativar a sua conexão interior, todo o esforço para controlar a ansiedade será apenas uma medida paliativa e de alívio momentâneo.

[CAUSA] A SÍNDROME DA AUSÊNCIA DA PRESENÇA

Como vimos, a ansiedade é um estado emocional. Sendo assim, é um estado interno, criado pela mente (e no próximo capítulo eu vou explicar isso com detalhes). Em outras palavras, a ansiedade é um sentimento gerado pelos seus pensamentos.

Um estudo recente da Universidade de Harvard descobriu que 46,9% do tempo a mente não está no momento presente. Praticamente metade do tempo da vida, a mente fica perdida em lembranças do passado ou em preocupações com o futuro.

> **Quantas vezes você já pegou a sua mente revivendo algum momento em que se sentiu vítima?**
> **Quantas vezes você já pegou a sua mente tirando conclusões sobre determinada situação?**
> **Quantas vezes você já pegou a sua mente preocupada com situações do futuro (que na grande maioria das vezes não acontecem)?**

Enquanto a mente estiver perdida no passado ou no futuro, você vai ser uma vítima da Síndrome da Ausência da Presença, porque não vai conseguir viver a vida, a vida real, o momento presente!

A Síndrome da Ausência da Presença faz com que seu corpo físico esteja em um lugar, e sua mente esteja muito distante dali.

Você está no trabalho, mas a sua cabeça não está ali. Na verdade, está pensando no seu filho na escola. Você está jantando com a família, mas não está aproveitando o momento presente, pois está pensando nos problemas do trabalho, sempre preocupado, sempre ausente.

A Síndrome da Ausência da Presença, esta incapacidade de estar no aqui e no agora, desencadeia uma sequência de desconexão:

✓ Você se desconecta da sua essência, esquece de quem é de verdade e permite que o mundo lá fora dite as regras da sua vida: o que você precisa fazer, o que você precisa ter, quem você precisa ser. Você abre mão do seu poder interior, e se sente impotente e insatisfeito com a vida.

✓ Você fica preso ao passado, às memórias de dor e sofrimento, e não consegue perceber a realidade como ela realmente é.

✓ Acaba se sentindo vítima ou acreditando que você não é bom o bastante.

✓ Você se sente inseguro em relação ao futuro, com medo e preocupação. Afinal, você está com circuitos emocionais reativos e condicionamentos mentais do passado dominando seus pensamentos (por isso que o 2º passo do método que você vai aprender neste livro é tão importante).

✓ Você se desconecta do momento presente e perde a clareza do que realmente quer e precisa. Acaba caindo em compulsões e vícios: alimentação, compras, redes sociais... Busca preencher esse vazio interior com coisas externas, o que só piora cada vez mais.

✓ Você se desconecta do fluxo da vida, de Deus (da força superior que cria e sustenta todas as formas de vida, não importa o nome pelo qual você reconheça).

✓ E, quando isso acontece, você se sente sobrecarregado, esgotado, se esforça cada vez mais e tem cada vez menos resultados.

✓ Você se desconecta da energia mais poderosa de todas: a energia do AMOR!

✓ Sente-se sozinho, angustiado, vazio... Entra em um ciclo de cobranças, autoexigências e comparação...

Quando percebe, os anos passaram, a vida passou... E você sente que é tarde demais. Então, pensa naquele famoso Epitáfio: "Devia ter amado mais, ter chorado mais, ter visto o sol nascer..."

O segredo para conseguir controlar a ansiedade é viver no presente, aceitar o passado, entender e ser grato pelo que passou – mesmo pela situação mais dolorida que você possa ter vivido.

É desapegar de tudo o que aconteceu. É ter clareza em relação ao que virá e acreditar que o seu futuro depende do seu agora. É fazer o seu melhor no momento presente e confiar no fluxo da vida.

É simples, mas não é fácil, quando você está preso no Ciclo da Ansiedade Emocional e não tem um método!

A minha vivência pessoal para vencer anos de ansiedade, somada à experiência profissional de mais de 12 anos na área do autoconhecimento e terapias naturais, me ensinou que, para controlar esse estado ansioso, é essencial atuar em todos os níveis do nosso ser.

Quando você une diferentes técnicas, ferramentas e exercícios, de forma integrada e inteligente, consegue ter resultados mais eficientes e duradouros (e não se preocupe, que é isso que vou compartilhar com você aqui através de um método simples e prático).

Só é possível se libertar de medos, culpas, cobranças, mágoas, frustrações, inseguranças quando você faz isso.

Enquanto sua mente estiver presa (nem que seja por um finíssimo fio) a uma memória de dor do passado, vai projetar internamente um futuro criado com base nessa lembrança. A intenção dela é proteger você, mas isso acaba atrapalhando a sua vida.

Você se pergunta: Por qual razão as coisas não dão certo? Por que eu me esforço e trabalho mais do que todo mundo, mas tenho menos resultados? Por que meus relacionamentos não vão para a frente?

Saiba que existe um bloqueio inconsciente. E, para desbloqueá-lo, você precisa limpar a sua mente, abrir o seu coração e ativar a sua conexão interior.

Quando você ativa esse estado de conexão interno, torna-se capaz de criar um futuro de infinitas possibilidades. Eu sei que pode parecer bom demais "um futuro de infinitas possibilidades", mas você vai descobrir que o poder da sua mente em criar a sua realidade é muito maior do que você imagina.

SEU FUTURO DEPENDE DO SEU AGORA, O SEU FUTURO DEPENDE DE VOCÊ ESTAR AQUI AGORA.

O MÉTODO CLARA

"Não é necessário que você veja toda a estrada, apenas dê o primeiro passo".
(Nelson Mandela)

Este livro é o MAPA do Caminho da Serenidade, com 5 Passos Essenciais para você dar um *STOP na Ansiedade*!

Aqui, eu vou mostrar para você que existe um caminho, através de um método, um passo a passo, teórico e prático, estruturado através da experiência de mais de uma década de estudos, pesquisas e, o mais importante de tudo, prática.

Porque de nada adianta você ler sobre ansiedade, saber tudo sobre seus sintomas e conceitos teóricos. Para controlá-la, é preciso enfrentar o problema de frente, curar feridas emocionais do passado e ter coragem para reassumir o seu poder interior.

O método que vou compartilhar com você não é uma fórmula mágica, que você lê e sua vida se transforma. Nada disso!

Neste livro, vou lhe mostrar o caminho, revelar o que você precisa fazer. Vou orientá-lo sobre qual é a melhor forma de fazer isso, compartilhando práticas milenares, exercícios de *coaching* e dicas fáceis de aplicar.

É um conhecimento que vai acompanhar você durante semanas, meses, anos, enfim, por toda a sua vida.

Toda mudança que você deseja fazer exige energia e comprometimento, e para controlar a ansiedade, não é diferente. Por isso, eu quero que você responda sinceramente: Você está verdadeiramente comprometido? De zero a dez, qual nota você dá para o seu comprometimento?

Se você não estiver comprometido, não adianta continuar lendo as próximas páginas, porque você só vai perder tempo e nada vai mudar.

Agora, se estiver verdadeiramente comprometido, continue aqui comigo, porque você vai ter acesso a um caminho capaz de dar um STOP na sua Ansiedade.

Mas essa jornada não é feita com um grande passo, que tira você de um estado de ansiedade para um estado de serenidade. É um percurso feito com pequenos passos, que geram pequenas mudanças (e pequenas vitórias), que vão se somando Hoje-Amanhã-Depois (HAD).

O Caminho da Serenidade tem 5 passos essenciais, que estão conectados entre si e formam o que eu chamo de **Método CLARA**.

PASSO 1 – CONHECER

Neste primeiro passo, você vai entender o que é a mente e como ela funciona. Vai descobrir (ou redescobrir) que o ser humano é energia, que tudo é energia e entender como você é responsável pela criação da sua realidade.

Você vai compreender que existem condicionamentos mentais e circuitos emocionais reativos que impedem que você tenha liberdade de escolher. Vai identificar como eles estão atuando na sua mente e saber que é possível criar novos padrões de condicionamento mental e circuitos emocionais reativos.

Você vai conhecer o seu estado de vida atual e descobrir qual é o seu estado de vida ideal, onde você está e para onde você quer ir.

Vai fazer o Teste do Ciclo da Ansiedade Emocional para saber de que forma a ansiedade prende você em uma prisão emocional e rouba a energia necessária para você criar a vida que deseja.

PASSO 2 – LIMPAR

No segundo passo, você vai encerrar os ciclos do passado, libertar-se de medos, culpas e mágoas, além de reconhecer a importância do perdão e do desapego.

Você não pode mudar o passado, mas pode modificar o seu sentimento em relação ao que aconteceu, e é isso que lhe permite concentrar a sua mente, a sua energia, no presente e assim ter o poder de escolher o seu futuro.

Aqui você vai começar a criar espaço para a mudança acontecer, para você ser quem você nasceu para ser. Este passo tem o poder de trazer leveza para sua vida e elevar sua energia.

PASSO 3 - ACREDITAR

No terceiro passo, você vai descobrir a importância de ativar a sua conexão interior, e como fazer isso de forma simples e prática. Vai encontrar as respostas de como vencer os guardiões da ansiedade e assim se reconectar com o fluxo da vida.

Este é um passo de profunda reconexão com a sua essência, onde você deixa de se importar tanto com os outros e investe em você.

Aqui você começa a ativar o seu poder interior, sente-se merecedor, com mais força e coragem para enfrentar os desafios. Passa a sentir paz dentro de você, independente do que acontece do lado de fora, passa a acreditar no seu poder interior.

PASSO 4 – REALIZAR

No quarto passo, você vai sentir na prática que, quando você muda, o mundo muda. Você reassumirá o seu poder de criar sua realidade nas pequenas escolhas. Ganhará clareza e foco, deixará de perder tempo e energia com problemas que não são seus e passará a ter um nível de conexão interna ainda mais profundo.

Você deixará de ser vítima de uma vida mental e passará a viver a vida real. Entenderá a importância de ser feliz agora, porque afinal esta vida não é eterna. Você ganhará maturidade e ativará a autorresponsabilidade.

PASSO 5 – AGRADECER

No quinto e último passo, você vai compreender que precisa continuar em movimento, evoluindo sempre, para manter a conexão com o fluxo da vida e sustentar o estado de serenidade conquistado.

Aqui você descobrirá que existe uma força, uma energia que sustenta todo o processo de transformação que você acessou. Sentirá que a vida é um privilégio, uma oportunidade rara, e que o seu futuro depende do seu agora. Saberá como a gratidão pode ajudá-lo a superar as crises de ansiedade.

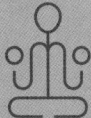

PASSO 1
Conhecer

Como você já viu, a ansiedade é algo interno, um estado emocional gerado pelos seus pensamentos, um estado criado pela sua mente.

Por essa razão, para dar um STOP na ansiedade, é preciso reassumir o controle da sua mente, entender como ela funciona e atua na sua vida.

O mais importante é você se conhecer, compreender o seu momento de vida, saber onde você está e qual é o seu objetivo com a leitura deste livro.

[PORQUÊ]
VIDA ATUAL X VIDA IDEAL

Toda mudança que você deseja para a sua vida, vai exigir esforço e comprometimento.

Quantas mudanças você já tentou fazer, mas desistiu no meio do caminho? Qualquer que seja: emagrecer, estudar um idioma, exercícios físicos, etc.

Mas há um segredo que o torna capaz de ter a força e a energia necessárias para fazer qualquer mudança que desejar na sua vida.

Para você manter o comprometimento e não desistir no meio do caminho, existe um caminho e eu já vou compartilhá-lo com você.

Se você segue um método, tem um passo a passo, normalmente a necessidade de esforço inicial é muito menor do que quando você não tem um mapa do caminho que deseja trilhar. Porque um método mostra o que você precisa fazer, como fazer e quando fazer, além de alertá-lo sobre as armadilhas e erros. Fica tudo mais simples, mais fácil e mais rápido!

E que bom que você está aqui! Parabéns! Reconheça esse seu passo inicial em direção à transformação que deseja, isso é muito importante.

O comprometimento com a mudança, no caso deste livro, controlar a ansiedade, é o que vai lhe trazer resultados profundos e duradouros.

Mas volto a reforçar, uma mudança é feita de pequenos passos, hoje, amanhã e depois. No momento em que está comprometido verdadeiramente, você consegue manter o seu propósito e continuar em frente – mesmo quando "a vida acontecer" e a sua mente tentar puxá-lo de volta para a zona de conforto.

Aqui você vai descobrir qual é o segredo para manter seu comprometimento, a chave que fará com que você consiga manter a energia e a motivação. Esse segredo vai inspirá-lo a continuar, a não desistir, mesmo diante das adversidades.

Esse segredo é o poderoso: "PORQUÊ".

Sim, o "Porquê" é muito poderoso. O autor Simon Sinek explica isso em detalhes no seu livro *Por quê? Como motivar pessoas e equipes a agir*. Ele esclarece que há um círculo de ouro que possui 3 níveis:

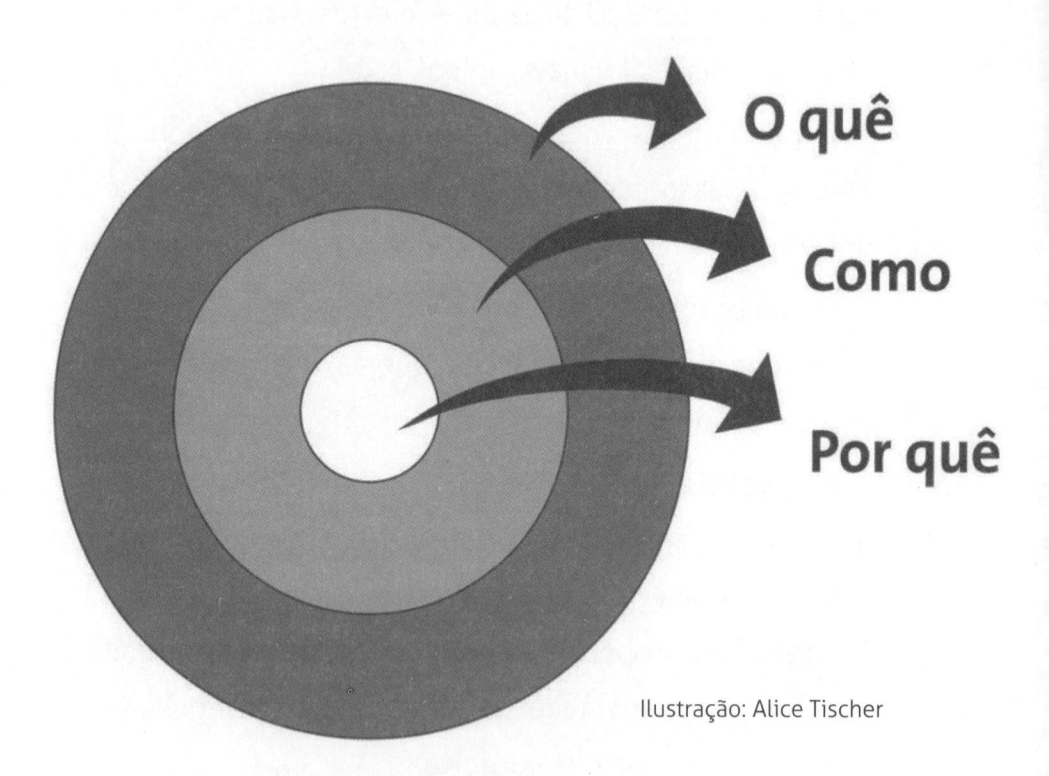

Ilustração: Alice Tischer

O primeiro nível é "O quê". Enquanto você estiver neste nível, vai saber o que quer, o que deseja, apenas isso. Ele não o inspira, não gera nenhum comprometimento.

Pense em quantas coisas você quer para a sua vida, mas apenas "quer", não está disposto a se esforçar por isso.

Exemplo de "o quê":

> Eu quero controlar a ansiedade.

O segundo nível é o "Como". Neste nível, você começa a buscar formas de atingir o seu objetivo. Você quer saber o que precisa fazer para a mudança acontecer na sua vida. Aqui, no "como", você pode ter o suporte de um método ou não.

Exemplo de "como":

> Eu preciso ler o livro *STOP Ansiedade* e fazer todos os exercícios e práticas.

O terceiro nível é o "Por quê". Aqui você precisa saber de forma clara e detalhada o motivo pelo qual deseja o que deseja. O que o inspira? Qual é a sua motivação? Descubra o porquê de você fazer o que faz. E essa resposta precisa vir do fundo do seu coração.

Exemplo de "por quê":

> Porque eu quero ser uma mãe melhor e mais presente para os meus filhos.

Você só vai conseguir ter comprometimento se conseguir ter clareza do porquê você quer o que você quer.

É o "Porquê" que vai mantê-lo comprometido naqueles dias em que aquela vozinha falar na sua cabeça coisas para você desistir.

E para ajudar você a ter clareza do seu "Porquê" e manter o comprometimento, na parte final deste capítulo eu preparei uma prática chamada Exercício de Clareza Interior. Recomendo que o faça agora mesmo, antes de continuar a leitura.

[MENTE] PENSAMENTOS, SENTIMENTOS E EMOÇÕES

Desde o século 18, durante o Iluminismo, a mente humana já era objeto de estudo e pesquisas. Alguns anos depois, Sigmund Freud aprofundou e sistematizou muitos conceitos relacionados à mente, como o consciente e o inconsciente.

Desde então, os estudos avançaram muito, e hoje, a neurociência moderna tem feito descobertas importantes sobre a arquitetura da mente por meio de técnicas de mapeamento cerebral.

E por que é importante você saber esses conceitos?

Porque quando você entende o funcionamento da mente, começa a entender a si mesmo.

Justamente essa clareza o torna capaz de deixar de ser vítima da mente. Ela lhe traz o controle das suas emoções e também a aceitação de si mesmo e dos outros.

E a aceitação é a chave para ativar a energia mais poderosa que existe: **a Energia do Amor.**

Entender a dinâmica por trás do funcionamento da mente torna você capaz de refletir sobre sentimentos, emoções, imagens mentais e memórias, ou seja, conhecer o seu universo particular.

A mente é um fluxo de energia formado pelos pensamentos, sentimentos e emoções, e é por meio dela que você se relaciona com você mesmo, com os outros e com a vida.

É nela que ficam guardadas todas as memórias, sonhos, desejos e esperanças. Assim como também, medos, tristezas, arrependimentos e culpas.

A mente é um fluxo de energia dinâmico, moldado pelas experiências de vida e que possui infinitas possibilidades.

É importante deixar isto bem claro: sua mente não é seu cérebro!

O cérebro é como se fosse o aparelho de rádio que capta as frequências de ondas sonoras, é o instrumento físico para captar e transmitir as informações da mente.

A mente está ligada ao cérebro, mas não apenas ao cérebro. Há uma extensa rede neural por todo o interior do corpo humano: coração, intestinos, pele e músculos.

Assim, a mente não é apenas formada pelo pensamento, e sim por **pensamento + sentimento + emoção**.

Inclusive a neurobiologia já comprovou que o estado interno subjetivo do ser humano interfere diretamente na saúde fisiológica. Corpo e mente estão interligados, fazem parte de um mesmo sistema.

Isso quer dizer que pensamentos, sentimentos e emoções interferem na produção de hormônios, batimentos cardíacos e até mesmo na estrutura cerebral.

E é por isso que, quando está com a sua mente presa em um Ciclo de Ansiedade Emocional, você diminui a imunidade do seu organismo e fica exposto a uma lista gigante de dores e doenças: *alergias, problemas digestivos, enxaqueca, fibromialgia, diabetes, hipertensão arterial...* A lista não tem fim.

Agora, quando assume o controle da sua mente e deixa de ser refém de pensamentos, sentimentos e emoções, você se torna capaz de se conectar com a sua essência.

E é justamente esta conexão interior que ativa o estado de serenidade, ou seja, a capacidade de estar em paz em meio às tempestades dentro e fora de você.

É a conexão interior que blinda você contra a Síndrome da Ausência da Presença, a causa real da ansiedade.

É a conexão interior que lhe permite levar os pensamentos, sentimentos e emoções para o nível da consciência. Assim, você assume o controle da sua vida. Mas saiba que não existe a "pílula da conexão interior".

Calma, que eu vou ajudar você a ativar sua conexão interior através do Método CLARA.

É nesse estado de conexão que você deixa de ser uma vítima da sua mente e se torna capaz de lidar com os pequenos e grandes desafios da vida. De tal modo, aprende com cada experiência ao invés de simplesmente reagir.

Compreenda que você não é a sua mente, seus pensamentos ou emoções, mas a consciência por trás, que experimenta tudo isso. A mente está dividida em duas partes: consciente e subconsciente (ou inconsciente):

A MENTE CONSCIENTE

A mente consciente, como o próprio nome já diz, é responsável por tudo aquilo que temos consciência. Em outras palavras, é a parte pensante do nosso ser, que responde pelos nossos pensamentos.

Dotada de livre-arbítrio, é responsável pelas atividades triviais e superficiais, pela parte racional e lógica da mente. Também é responsabilidade dela a capacidade de compreensão e comunicação, pois ela opera no nível da informação. Representa apenas 3% a 5% da mente.

A MENTE SUBCONSCIENTE

Conhecida como a parte não racional da mente, a mente subconsciente é a camada mais profunda, oculta, aquilo que não temos consciência. É como se ela fosse o porão onde ficam armazenadas as memórias de todas as experiências de vida (desde antes do nosso nascimento).

A mente subconsciente é muito mais dinâmica que a mente consciente, ela é atemporal e responsável pelos impulsos instintivos, hábitos e todas as ações executadas de forma automática. Ela trabalha 24 horas por dia para que nossas ações sejam tomadas com base nas experiências do passado – faz isso para nos proteger, evitar o sofrimento e poupar energia.

Associada aos sentimentos e emoções, ela representa de 95% a 97% da mente. O subconsciente é o responsável pelas suas escolhas. Sim! Mesmo que depois tente usar a mente racional e lógica para justificar, você escolhe com o subconsciente! Vamos falar mais sobre isso ainda neste livro.

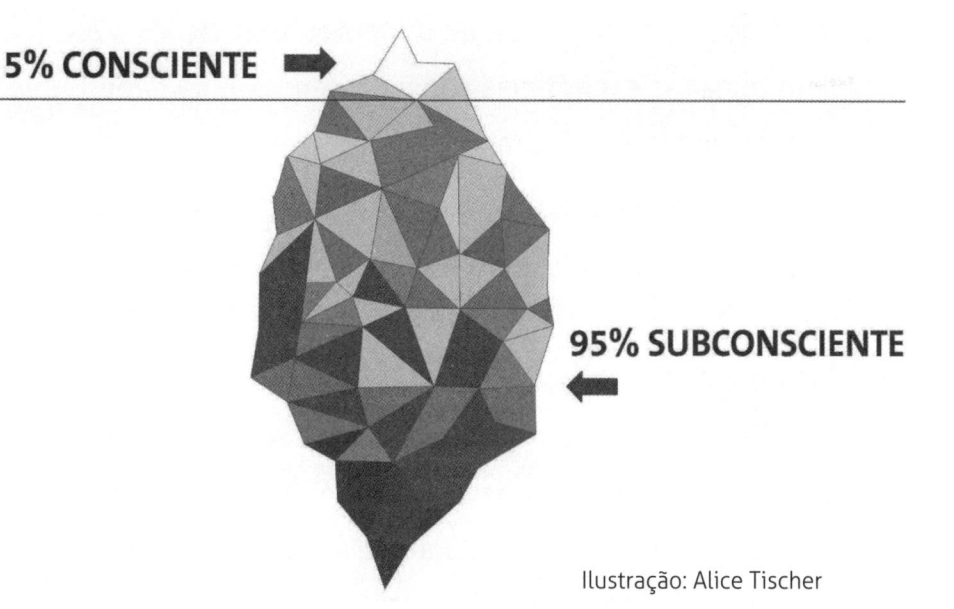

5% CONSCIENTE ➡

95% SUBCONSCIENTE ⬅

Ilustração: Alice Tischer

[ENERGIA] O PODER DA MENTE

Tudo na sua vida depende da sua mente.

Sim!!! Absolutamente tudo!

É o seu interior que cria o seu exterior!

Sendo um fluxo de energia dinâmico, formado pelos pensamentos, sentimentos e emoções, a mente possui uma determinada frequência e vibração. Ou seja, ela emite um padrão de onda eletromagnética que determina qual é a sua sintonia.

Os seus pensamentos, sentimentos e emoções irão determinar as experiências de vida que você irá experimentar, que você irá atrair.

Existe uma escala de vibração no Universo que vai do medo ao amor, e conforme o seu estado interno, o estado de vibração da sua mente, você determina em qual dessas frequências você irá sintonizar.

E é importante você compreender que não são apenas os seus pensamentos que determinam a sua sintonia. Quem determina a sua sintonia é a sua mente, que é formada pelos pensamentos, sentimentos e emoções.

É a mente que vai determinar quais serão suas escolhas e suas ações.

Imagine seus pensamentos e palavras como sendo um foguete, e seus sentimentos como o combustível. Um foguete é um veículo estacionado que não pode fazer nada sem combustível, pois o combustível é o poder que levanta o foguete. É a mesma coisa com seus pensamentos e palavras. Seus pensamentos e palavras são veículos que não podem fazer nada sem seus sentimentos, pois seus sentimentos são o poder de seus pensamentos e palavras!
(Rhonda Byrne, O Segredo)

**Não adianta apenas pensar positivo, se você não sentir positivo!
Por essa razão, ainda há pessoas que acreditam que a lei da atração e o pensamento positivo não funcionam.**

Você sabia que o pulso elétrico emanado pelo coração é 100 vezes maior que o pulso elétrico emanado pelo cérebro? E que o pulso magnético do coração é 5.000 vezes maior que o pulso magnético emanado pelo cérebro? Pois essas são incríveis descobertas da ciência.

Por isso, mesmo quando acredita que está escolhendo sua vida com a mente consciente, na verdade você não está. Os seus sentimentos possuem uma força eletromagnética muito superior aos seus pensamentos, e os sentimentos estão associados à mente subconsciente. Aí está a importância dos seus sentimentos!

Dar um *stop* na ansiedade depende do seu sentimento em relação ao passado, ao futuro e ao presente. A mente racional só justifica as mensagens enviadas pelo seu subconsciente.

Em razão disso, tantas pessoas fracassam ao buscar o controle a ansiedade, porque tentam resolver tudo no nível racional, lógico.

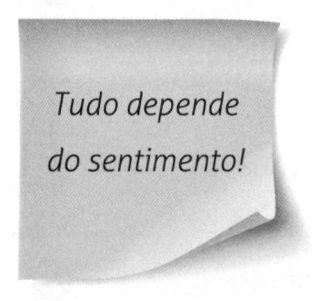

Tudo depende do sentimento!

E é por isso que o segundo passo desse caminho da serenidade é tão importante e traz tantos resultados, porque ele trabalha justamente no nível subconsciente, nos seus sentimentos, limpando sua mente e abrindo seu coração para você conseguir ativar novamente a sua conexão interior e viver o momento presente.

Quando você limpa a mente, fica livre para estar no presente, sem se preocupar tentando controlar o futuro com base nas experiências dolorosas do passado.

É a sua mente que cria a sua vida o tempo todo. Você precisa enfrentar essa verdade e assumir a responsabilidade pelo seu momento presente.

Sempre que você permitir que sua mente fique vagando no passado ou no futuro, ausente do momento presente, você fica exposto a antigos condicionamentos mentais e circuitos emocionais reativos, uma vítima do Ciclo da Ansiedade Emocional.

CICLO DA ANSIEDADE EMOCIONAL

Você já teve a sensação de correr, correr, correr, tentar dar conta de tudo e, no final, ficar esgotado e exausto? E o pior de tudo, com um sentimento de vazio?

Você fica ansioso, sem paciência com todo mundo (nem com você mesmo em alguns momentos!)? Sugado pela rotina acelerada, atropelado por não ter tempo para você e angustiado por não saber lidar com as suas emoções e pensamentos?

Por muitos anos eu vivi me sentindo exatamente assim. Depois que me tornei terapeuta e professora de meditação, descobri que a grande maioria das pessoas tem essa mesma sensação. É uma espécie de vida no piloto-automático, em que você se sente absorvido por um redemoinho de preocupações, medos e cobranças. Sem ter tempo para nada, você sente uma crescente insatisfação interior.

É como se você não tivesse mais o poder de escolher, simplesmente vai reagindo aos fatos e situações da vida. Ao invés de viver a vida, passa a sobreviver. Isso é o que eu chamo de Ciclo da Ansiedade Emocional.

Problemas, situações difíceis e desafios sempre vão acontecer, eles fazem parte da vida. O que acontece é que o Ciclo da Ansiedade Emocional impede que você consiga enxergar que existe uma saída.

O Ciclo da Ansiedade Emocional é um estado interno de ansiedade, onde a mente fica presa nos condicionamentos mentais e nos circuitos emocionais reativos.

Esses condicionamentos mentais e circuitos emocionais reativos o impedem de estar no momento presente, no aqui e agora, e fazem você ficar andando em círculos.

Você já conheceu alguém que tinha tudo para ser feliz, mas que simplesmente não conseguia estar em paz?

Por outro lado, você também já conheceu alguém que estava passando por muitas dificuldades e, mesmo assim, conseguia se manter feliz e serena?

Pois é, a paz interior, a serenidade e a felicidade não dependem das situações exteriores. O problema não são as situações, os lugares ou as pessoas, mas sim a interpretação que a sua mente faz deles.

Essa interpretação que cada ser humano faz da realidade acontece por meio dos condicionamentos mentais e circuitos emocionais reativos.

Os condicionamentos mentais e circuitos emocionais reativos atuam o tempo todo de forma automática e integrada, como programas de computador que você tem instalado na sua mente.

No seu cérebro, existem caminhos neurais, e são neles que os condicionamentos mentais e circuitos emocionais reativos "rodam", atuando e criando um determinado padrão de funcionamento.

CONDICIONAMENTOS MENTAIS

Os condicionamentos mentais funcionam como lentes de óculos que determinam a forma como você enxerga a realidade.

Neste momento, você pode estar usando óculos com lentes do medo, da culpa e da insatisfação que fazem você acreditar que a vida é difícil, sofrida... Mas você também pode escolher óculos com lentes da paz interior, do amor e da serenidade. Por meio delas, você vê uma realidade diferente e acredita que a vida é abundante e que você merece ser feliz.

Essas lentes são construídas através de tudo o que você acredita, todas as suas memórias, todas as experiências que viveu e todas as informações que sua mente absorveu. Os condicionamentos mentais atuam no nível da percepção da realidade, do julgamento, dos pensamentos, na sua mente consciente.

O funcionamento da sua mente ocorre da seguinte forma: você tem um condicionamento que gera um pensamento, que causa uma emoção, que motiva uma ação, que, por sua vez, provoca uma reação (ou resultado), que gera um novo pensamento, e assim sucessivamente.

Pensamento → Emoção → Ação → Reação (resultado) → Condicionamento → Pensamento

CIRCUITOS EMOCIONAIS REATIVOS

Os circuitos emocionais reativos exercem influência em um nível mais profundo do que os condicionamentos mentais, pois atuam em nossas emoções.

Eles são responsáveis pelas nossas reações. Tudo aquilo que você faz de forma instintiva, sem pensar, é gerado pelos circuitos emocionais.

Isso explica o motivo pelo qual você reage automaticamente quando determinada situação ocorre, pois você age com base no conteúdo armazenado na sua mente subconsciente.

Mas também existem circuitos emocionais reativos positivos, que fazem uma mãe proteger um filho de um acidente, por exemplo. Também são eles que fazem abraçarmos alguém que amamos ou ajudarmos alguém que passa por dificuldades.

Já os circuitos emocionais reativos negativos podem fazer você se comportar de uma forma descontrolada, como explodir e brigar com as pessoas por qualquer motivo banal. Ou ainda podem trazer aquela sensação de pânico quando você entra em um avião. Você não queria, não tinha a intenção de agir assim, mas simplesmente aconteceu, foi mais forte que você.

> *Você não queria, não tinha a intenção de agir assim, mas simplesmente aconteceu, foi mais forte que você.*

Os circuitos emocionais reativos podem estar associados a uma memória de intenso estresse emocional: um acidente, a descoberta de uma traição, a perda de um emprego, etc. Quando a sua mente pressente que algo parecido pode acontecer, aciona o circuito emocional reativo e rouba o seu poder de escolha.

Como um "gatilho emocional", o circuito emocional reativo faz você reagir sem pensar, ou o paralisa completamente, você simplesmente não consegue fazer o que precisa ser feito.

A ansiedade é um sentimento associado não apenas ao futuro, mas ao passado também, pois todos os pensamentos, sentimentos e emoções gerados pela sua mente são influenciados pelos condicionamentos do passado, pelas experiências que você viveu.

Quando você muda a sua interpretação do passado, você muda o seu presente, e quando você muda o presente, você muda o seu futuro.

É preciso entender que o tempo é circular, e não linear – como é mostrado naquelas linhas de tempo das aulas de história.

A primeira vez que li sobre esse conceito de tempo circular, confesso que demorei um pouco para entender, mas ter essa compreensão é muito importante e nos ajudar a viver o presente.

O conceito linear nos dá uma ideia de linha do tempo engessada, em que passado, presente e futuro estão separados. Você está em um ponto desta linha (presente), carrega um fardo (passado) e quer chegar em algum lugar (futuro).

Percebe como essa ideia, por si só, gera uma ansiedade intensa? Por trás dela há uma sensação de impotência, insegurança e de muito esforço.

Já o tempo circular faz com que você se conecte com o movimento da vida, porque afinal tudo está em movimento no Universo, onde passado, presente e futuro estão interligados.

O momento presente, o agora, é o zero. Essa nova forma de entender e perceber o tempo traz uma sensação de liberdade, de fluidez e também de autorresponsabilidade. Você passa a compreender que tudo o que faz agora interfere no seu futuro.

Assim como tudo o que você faz agora interfere no seu passado. E quando você muda o seu passado (não os fatos em si, mas o seu sentimento em relação aos fatos) você muda o seu presente. Ao mudar o presente, você muda o futuro.

Sacou? Eu acho isso incrível!

E a boa notícia, sabe qual é? Você pode deletar condicionamentos mentais e circuitos emocionais reativos negativos e criar condicionamentos mentais e circuitos emocionais reativos positivos.

Sim! Você pode desinstalar os programas antigos, os "vírus do sistema", fazer limpezas e instalar programas novos, adicionando circuitos do bem em sua mente!

E você pode começar a fazer isso agora mesmo! E aí, topa experimentar?

Há um exercício muito simples e muito, muito poderoso. Eu sempre faço este alerta para que ninguém subestime os benefícios que ele traz.

Este exercício é capaz de trazer sua mente para o momento presente em apenas 2 ou 3 minutos. Ele tem o poder de bloquear a atuação de condicionamentos mentais e circuitos emocionais reativos no momento em que eles estão atuando (este exercício não reverte por completo, mas bloqueia no momento da crise).

Este exercício renova a sua energia e confiança interna. Estou falando do Momento de Presente Precioso! Você vai conhecê-lo em detalhes na parte final do capítulo, dedicada especialmente aos exercícios e práticas.

Antes de responder ao Teste para descobrir em qual nível do Ciclo da Ansiedade Emocional você está, recomendo que faça o Momento de Presente Precioso. Ele vai ajudá-lo a ter clareza na hora de responder.

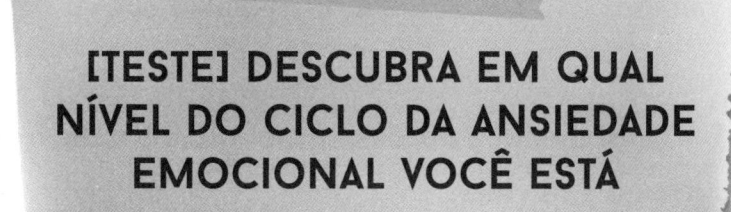

[TESTE] DESCUBRA EM QUAL NÍVEL DO CICLO DA ANSIEDADE EMOCIONAL VOCÊ ESTÁ

OS 5 NÍVEIS DO CICLO DA ANSIEDADE EMOCIONAL

Os condicionamentos mentais e circuitos emocionais reativos prendem você em cinco diferentes níveis, e cada nível possui características distintas. E é muito importante você conhecer cada um deles.

Dessa forma, você pode identificar qual área da sua vida não está bem, relacionando-a ao nível em que está aprisionado.

Ao longo da vida, você pode mudar de níveis, isso é absolutamente normal. Como também é comum perceber que está preso em mais de um nível. Mas sempre há um nível que está mais ativo do que outro.

O primeiro passo para sair deste Ciclo da Ansiedade Emocional é ter clareza do seu estado interno atual, reconhecendo os condicionamentos mentais e circuitos emocionais reativos que estão ativos na sua vida neste exato momento.

Vamos lá!

1 - Qual destes padrões emocionais é mais frequente na sua vida?

A - Cansaço e Medo

B - Vazio e Insatisfação

C - Solidão e Vitimismo

D - Esgotamento e Insatisfação

E - Descontrole e Raiva

2 - No nível da ação e resultados, qual destes é mais frequente na sua vida?

A - Não consegue colocar projetos em prática, está paralisado.

B - Não tem clareza sobre seu propósito de vida, acaba fazendo o que os outros querem ou fazem.

C - Se esforça muito e tem pouco resultado.

D - Se sente patinando, quando parece que vai melhorar, tudo piora outra vez.

E - Quando as coisas vão bem você se sente bem, quando as coisas não saem como planejado você se sente mal.

3 - Se você tivesse que colocar um rótulo em você, qual destes você escolheria?

A - Procrastinador

B - Perdido

C - Azarado

D - Controlador

E - Explosivo

> **RESULTADO**
>
> Maioria das Respostas "A" - **Nível 1, da Inércia**
>
> Maioria das Respostas "B" - **Nível 2, da Escuridão**
>
> Maioria das Respostas "C" - **Nível 3, do Eu Sozinho**
>
> Maioria das Respostas "D" - **Nível 4, do Julgamento**
>
> Maioria das Respostas "E" - **Nível 5, da Explosão**

NÍVEL 1 - INÉRCIA

Imagine um rio onde a água é completamente represada, sem nenhum movimento, nada entra e nada sai, imagine um poço. Quando isso acontece, a água parada vai ficando estragada, vai ficando escura e perde completamente a sua força, a sua energia.

Tudo no Universo é movimento. A vida é movimento. Tudo está o tempo todo se renovando. Observe a natureza, as estações do ano, o céu e as estrelas...

E neste estado, no nível da inércia, não existe movimento. Por mais que você queira fazer, que tenha vontade, que tenha um sonho, não existe ação.

Sempre cai na procrastinação e deixa para depois. Existe um medo interno de fracassar, de não agradar, de não ser perfeito que acaba paralisando você.

A mente não para, só que você não consegue colocar seus desejos e ideias em prática, não existe ação.

Você se sente tão cansado, sem energia, que simplesmente não consegue fazer o que precisa ser feito.

E essa falta de ação desconecta você do fluxo da vida, que é movimento constante. Quando isso acontece, você começa a ficar ansioso, angustiado, insatisfeito, desanimado e cansado.

E aqui a pergunta que já ouvi tantas vezes nas palestras: "Amanda, uma pessoa pode ficar cansada mesmo que não tenha feito nada o dia todo?"

É claro que pode! A ausência de ação, de movimento prático, real, não quer dizer que a mente esteja em repouso e relaxada.

E é cada vez mais frequente, com o estilo de vida moderno, ter um excesso de atividade mental: muitas ideias e pouca ação.

Mas saiba que uma mente confusa, cheia de pensamentos que não são colocados em prática, é um verdadeiro ladrão de energia.

Por isso, é tão difícil sair deste nível: quanto mais cansado você se sente, menos você age. E, assim, fica preso na sua mente e segue cada vez mais cansado.

Existe um ditado que diz: "Pensamento sem ação é pura ilusão!"

É preciso se reconectar com o fluxo da vida: limpar a mente e o coração para abrir espaço. E, depois, conectar com a sua essência para ter clareza e poder de realização. E nós vamos fazer isso juntos, fique tranquilo.

NÍVEL 2 – ESCURIDÃO

Você lembra do gato da Alice no País das Maravilhas?

Em um determinado momento da história, a Alice pergunta para ele qual é o melhor caminho.

O gato responde com outra pergunta: *Para onde você vai Alice?* E Alice responde: *Eu não sei!*

E a resposta do gato para Alice é: *Para quem não sabe onde vai qualquer caminho serve!*

Neste nível, falta clareza e direção. Quando fica preso neste nível, a vida não tem um sentido, um propósito, é uma vida vazia.

Existe uma escuridão no seu coração, uma sombra que não o deixa sentir a verdadeira felicidade. Falta alegria de viver, não há um estado de plenitude. Sabe como é?

Em função disso, quando fica preso aqui, você sente um vazio, uma angústia, uma espécie de insatisfação com a vida. Até existe movimento e ação, só que não há propósito, nem direção.

A vida vai acontecendo e você vai reagindo. Vai fazendo, fazendo, fazendo... E fica cada vez mais distante do seu ser, da sua essência.

Por não saber quem é de verdade, qual é o seu propósito, começa a confundir o "ser" com o "ter". Assim, faz cada vez mais, mas não há sentido nas suas ações.

Acaba caindo naquele tanto faz. Quando lhe perguntam: você quer "x" ou "y"? Você responde: Tanto faz!

Ou acaba fazendo as coisas porque os outros querem que você faça. Quando você se dá conta, dedicou todo seu tempo e energia para construir os sonhos do marido, dos filhos ou até mesmo de uma corporação.

Ou ainda faz o que os outros fazem. Como você não sabe quem é, acaba se espelhando em modelos prontos.

Muitas vezes, faz anos de uma faculdade da qual você nem gosta. Compra coisas que você nem queria ou precisava. Dedica-se a uma carreira que não o preenche... E isso acontece porque, como está desconectado do seu ser, você sente um vazio e busca preenchê-lo com a aprovação dos outros, fazendo coisas sem parar ou ainda tentando agradar os outros. Tudo isso são manifestações inconscientes da falta de amor.

Como você não se conhece, acaba não se amando. Então, busca esse amor do lado de fora, que é a maneira que todos nós aprendemos.

E está tudo bem! O importante é que agora você sabe que pode fazer diferente. E que, neste exato momento, você já está fazendo diferente.

Ao colocar luz e olhar com consciência para dentro de si, você ativa o seu poder de transformação. Uma mudança, mesmo que sutil, já começa a acontecer. Agora é só continuar esta jornada de autoconhecimento.

Quando você está aqui, neste nível, a mente faz você acreditar em algumas mentiras: que você precisa fazer isso, que precisa fazer aquilo, que essas coisas são sua obrigação.

Mas, se você decide cuidar de si mesmo, há uma voz que fala baixinho: "Isso é egoísmo. Agora você não tem tempo para isso".

E essa falta de clareza interna gera uma ansiedade que faz você fazer cada vez mais, gastando cada vez mais energia. Quando você decide parar por alguns instantes, sente um esgotamento, um cansaço que o impede de acessar a sua verdadeira essência.

E assim você continua travado neste nível do Ciclo da Ansiedade Emocional. Por essa razão, é preciso se reconectar com sua essência, saber quem você é e qual o propósito da sua vida. Acender a luz do seu coração. É preciso responder com honestidade por que você faz o que você faz. Em tudo, até mesmo nas pequenas escolhas e ações.

NÍVEL 3 - EU SOZINHO

Imagine uma árvore enorme, com as folhas verdes, o tronco largo, linda e cheia de vida. Agora imagine que você decide cortar as raízes dessa árvore.

O que acontece? A árvore murcha, seca ou cai. Ela deixa de ter vida.

Você é a árvore, e as raízes são a sua história e os seus antepassados!

Cada um de nós passa por momentos de dor, dificuldade e sofrimento na vida. Todos nós carregamos um pouco dos nossos antepassados, pessoas que amamos e outras das quais não gostamos tanto assim.

A questão é que, ao olhar para trás, para sua história, para a vida dos seus pais, avós, bisavós, você pode julgar e sentir vergonha, culpa, mágoa, raiva, injustiça…

Enquanto houver qualquer traço desses sentimentos, você vai ficar preso neste nível do Ciclo da Ansiedade Emocional.

Você culpa seu pai ou sua mãe por uma dificuldade ou sofrimento? Você se sente vítima de alguma situação do seu passado? Culpa-se por ter tomado alguma ação que hoje não faria mais?

Tem vergonha de algum acontecimento, ou até mesmo de algum antepassado? Insiste em olhar para trás buscando vítimas, culpados e vilões? Sinto muito lhe informar, mas, enquanto você sentir tudo isso, não vai conseguir seguir em frente.

A sua mente cria justificativas para mantê-lo nesta prisão, porque você não gostou ou não concorda com o que o outro fez, porque brigou, porque se sentiu injustiçado ou ferido. Mas nada disso interessa, nada disso importa.

Enquanto não conseguir olhar para trás e sentir gratidão, enquanto não honrar e reconhecer tudo o que o trouxe até aqui, você não vai conseguir seguir em frente, porque fica com uma energia limitada.

Quando fica preso neste nível, você se sente completamente sozinho, com um vazio interno que nunca passa. Neste estado, acredita que tudo depende somente de você, do seu esforço.

E aí, a vida fica pesada demais. Você não consegue confiar nas outras pessoas, acredita que só você é capaz de fazer do jeito certo. Você não consegue confiar no fluxo da vida, e isso gera ansiedade e excesso de preocupação.

O que passou, passou... Você não pode mudar os fatos em si, mas pode mudar o seu sentimento em relação aos acontecimentos do passado.

Quando você muda a sua relação com o passado, você muda o seu presente, e quando você muda o seu presente, você muda o seu futuro. Já vimos isso quando expliquei sobre o tempo circular.

Então, não é negando, escondendo, tentando esquecer, fazendo de conta que não se importa ou se distanciando que você cura o passado. Só quando você acolhe, aceita e agradece é que a mágica acontece.

NÍVEL 4 – JULGAMENTO

Imagine você preso dentro de uma sala quadrada, apertada e estreita. Você vai para um lado e bate na parede, vai para outro lado e bate em outra parede.

É justamente isso que acontece quando você fica preso no nível do julgamento, quando tenta rotular todas as experiências, pessoas e situações.

Isso é bom, isso é mau... Isso é certo, isso é errado... Isso é feio, isso é bonito... Quando tenta racionalizar tudo o que acontece, você está neste nível. No momento em que sua mente julga, acaba enquadrando as situações e pessoas, colocando-as dentro de um "quadrado".

Porém, quando enquadra, a sua mente se fecha. E quando se fecha, ela se desconecta do fluxo do universo.

No nível do julgamento, a vida começa a ser percebida com possibilidades limitadas, porque você está preso dentro de um quadrado criado pela sua própria mente.

Você vai para um lado, em uma determinada direção, mas trava. Aí vai para outro lado, trava novamente. E assim fica completamente preso, limitado por condicionamentos mentais e crenças, sem conseguir evoluir.

E este estado de "ficar se debatendo entre quatro paredes" gera uma ansiedade gigante, porque você tenta achar saídas, mas não encontra.

Você gasta tempo e energia, fica cansado, e está sempre preso nos mesmos tipos de problemas e desafios. Como um Efeito ioiô.

Aqui, neste nível, você começa a se perguntar: Será que a vida é só isso mesmo? Nascer, crescer, trabalhar e morrer? Você começa a ficar tão limitado por esse quadrado que passa a se questionar sobre qual é o sentido da vida.

Então, além da ansiedade, vem aquela insatisfação com a vida. Você começa a se sentir sozinho na prisão criada pela sua própria mente.

Neste nível, é preciso superar o medo de se abrir para a vida, encarar o medo de ser julgado, reforçar a confiança no seu poder interior e, mais do que tudo, fortalecer a conexão interna.

Quando você consegue acessar a energia de amor que existe no seu coração, essa prisão criada pelos condicionamentos mentais começa a se abrir.

NÍVEL 5 - EXPLOSÃO

Imagine um copo com água bem cheio, quase transbordando. E aí, cai aquela última gota, a gota d'água! Você já ouviu essa expressão, não é mesmo?!

Neste nível, você está no limite, qualquer coisa que acontece é gatilho para você explodir. E a explosão pode ocorrer de duas formas:

1. EXPLOSÃO INTERNA, que é aquela que você guarda, engole e coloca para baixo do tapete. Quando mantém o controle aparentemente, e depois, quando está só você com você mesmo, chora escondido ou fica remoendo as situações.

2. EXPLOSÃO EXTERNA, que é aquela que não tem como esconder, você simplesmente reage, no impulso. Então, fala coisas sem pensar e depois se arrepende, briga, bate na mesa, etc. O pior é que, normalmente, sobra para as pessoas que mais amamos.

O nível da explosão é um estado de separação.

Aqui existe uma identificação com a matéria, pois você acredita que é os seus papéis. Por exemplo, que você é o seu cargo ou a sua profissão.

Assim, quando seu trabalho vai mal, você fica mal. Quando seu casamento vai mal, você fica mal. Quando seu trabalho vai bem, você fica bem. Quando seu casamento vai bem, você fica bem.

E, como sabemos, problemas, desafios e situações difíceis fazem parte da vida, vão sempre existir.

Neste nível, qualquer situação que aconteça fora do planejado é motivo para explodir.

A vida se torna um campo minado. Você vira uma bomba-relógio, prestes a explodir. Qualquer coisa, "boom"!

E você deve concordar comigo, essas explosões geram muito barulho, não é mesmo?

Pois é... Neste estado, você não consegue mais ouvir os outros. Pior, não consegue ouvir a sua essência, não consegue ouvir a si mesmo. É desesperador viver preso neste nível.

E isso provoca mais separação, que traz uma raiva contida, que causa um sentimento de vazio, que gera ansiedade e o prende mais ainda a este ciclo de sofrimento.

Por isso, é preciso limpar a mente e abrir o coração.

É preciso cortar essa cadeia de circuito emocional reativo, ganhar espaço entre o estímulo e a reação (sim, nós vamos fazer isso aqui!) e reassumir o controle da sua vida!

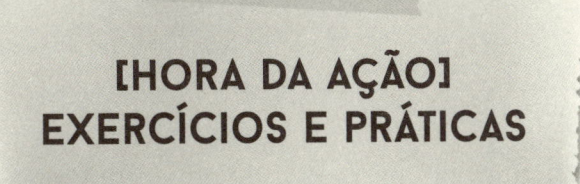

[HORA DA AÇÃO] EXERCÍCIOS E PRÁTICAS

EXERCÍCIO DE CLAREZA INTERIOR

Este exercício é para ajudar você a ter clareza do que deseja mudar na sua vida e comprometimento para promover essa mudança.

Para isso, escreva em cada um dos quadros a seguir, com o máximo de detalhes, como é a sua "Vida Atual" e como é a sua "Vida Ideal".

Vida Atual	Vida Ideal

Ilustração: Alice Tischer

Na "Vida Atual", escreva tudo aquilo que está limitando a sua vida (pensamentos, sentimentos, ações, hábitos), tudo o que está gerando dor e sofrimento. Expresse como o Ciclo da Ansiedade Emocional está atuando na sua vida. É importante descrever com detalhes. Associe uma dor intensa por não mudar agora.

Já na "Vida Ideal", escreva como seria a sua vida se você não estivesse mais preso ao Ciclo da Ansiedade Emocional. Descreva com detalhes os benefícios que você teria. Associe um prazer intenso à experiência de mudar agora.

Faça o exercício de coração aberto, não existe certo ou errado. Quanto mais você conseguir colocar dor no momento atual, e quanto mais prazer você associar à mudança, mais comprometida sua mente vai ficar.

Agora, preencha o seu **"Círculo de Ouro"**, comece pelo "Por quê" depois pelo "Como" e, por último, o "O quê":

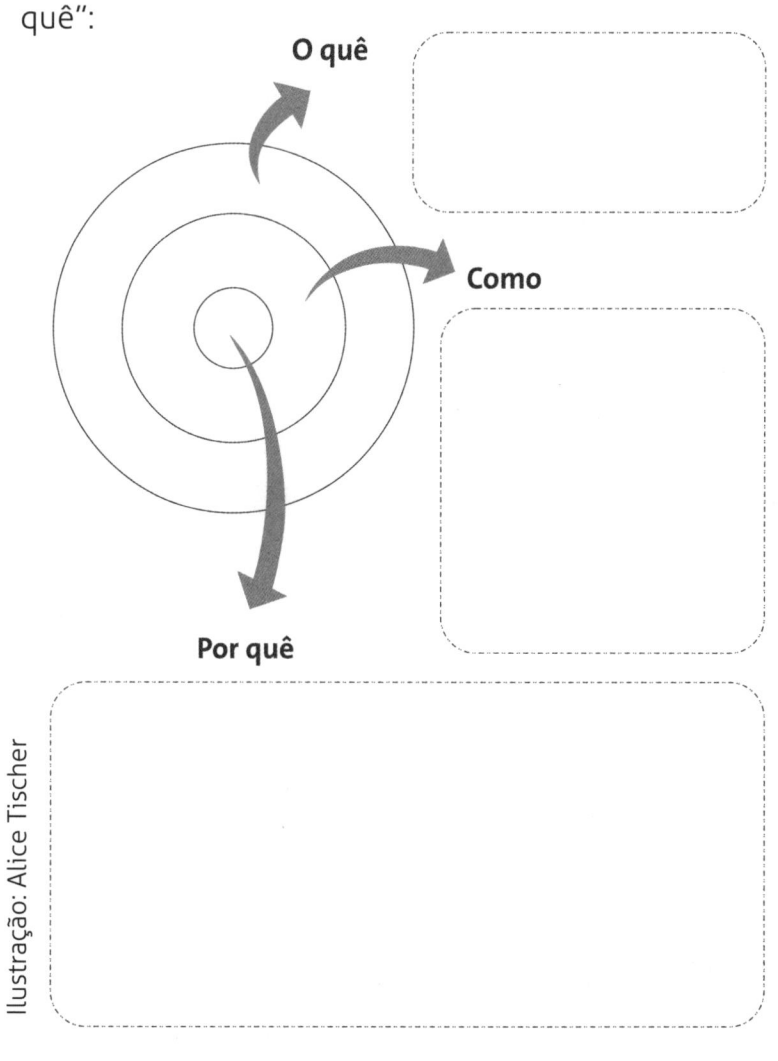

O quê

Como

Por quê

Ilustração: Alice Tischer

["PP"] MOMENTO DO PRESENTE PRECIOSO

Esta técnica é muito simples, mas também muito poderosa. Por isso, não subestime o seu poder! Os meus alunos a apelidaram de "PP"! Porque assim fica fácil de lembrar. Você pode e deve inserir o "PP" no seu dia a dia. Pratique hoje, amanhã e depois (HAD), várias vezes ao dia (Faça pelo menos 3 momentos de "PP" por dia).

Para você se lembrar, a minha dica é criar alarmes no seu celular em horários diferentes. O alarme toca, você faz uma pausa para o "PP". Você também pode escrever um lembrete na porta do armário ou na tela do computador. Use sua criatividade para lembrar de praticar.

Sempre que estiver cansado, sem energia, preocupado, com medo, tenso, faça um "PP"! Quanto mais você fizer, melhor!

PASSO 1: CONSCIÊNCIA CORPORAL

1. Você pode fazer de pé, deitado ou sentado.

2. Faça uma respiração profunda e acomode seu corpo.

3. Cresça a coluna (como se um fiozinho puxasse você pela nuca).

4. Solte os ombros (fazendo alguns giros).

5. Abra o peito.

6. Relaxe o seu rosto (solte os maxilares e o ponto entre as sobrancelhas).

PASSO 2: CONSCIÊNCIA RESPIRATÓRIA

1. Agora feche os olhos.

2. Leve a respiração para a parte baixa do abdômen (respire como se fosse um bebê).

3. Quando você inspira, a barriga sobe

4. Quando você expira, a barriga desce.

5. Talvez nas primeiras vezes você sinta um pouco de dificuldade, e isso é normal. Continue fazendo que logo vai ser muito fácil e prazeroso.

PASSO 3: CONTROLE MENTAL

1. Agora, faça 3 ciclos de respiração completa.

2. Inspire, retenha COM ar ("reter" significa dar uma pausa na respiração, você segura um pouquinho o ar).

3. Expire, retenha SEM ar (segure um pouco sem ar).

4. Volte a inspirar, retenha COM ar.

5. Expire, retenha SEM ar.

6. Inspire, retenha COM ar.

7. Expire, retenha SEM ar.

PASSO 4: CONEXÃO INTERIOR

1. Você vai colocar uma contagem no ciclo respiratório, da seguinte maneira.

2. Inspire contando até 4.

3. Retenha COM ar contando até 6.

4. Expire contando até 6

5. Retenha SEM ar contando até 2.

6. Inspire: 4 – Retenha COM ar: 6 – Expire: 6 - Retenha SEM ar: 2.

7. Repita 9 vezes este ciclo respiratório.

8. Pronto! Abra os olhos!

Com esse simples exercício, você se sentirá mais presente, pois esse ritmo o conecta com a frequência do seu coração. Você sentirá a conexão com a sua essência, com a energia do amor.

Se quiser (ou sentir necessidade), você pode aumentar o número de repetições do ciclo respiratório para quantas vezes precisar: 6, 9 ou 12.

Depois que já estiver familiarizado com o "PP", você pode começar direto do Passo 4.

É importante que você pratique: faça antes de começar a leitura, antes de ir para o trabalho, quando sentir que sua energia baixou, quando estiver inquieto ou cansado, antes de dormir, sempre que quiser voltar para o presente.

[REVISÃO]
O QUE VOCÊ APRENDEU ATÉ AGORA

Qual é a mensagem que mais tocou seu coração neste capítulo?

_____
_____
_____
_____

Agora, com o que você aprendeu, o que você vai fazer diferente na sua vida? Quais são as mudanças que você está comprometido a fazer agora?

_____
_____
_____
_____

Faça um plano de ação: quais são os exercícios que você vai implementar na sua rotina. Organize seus próximos dias listando como vai fazer para colocar em prática os exercícios:

_____
_____
_____
_____
_____
_____
_____
_____
_____
_____
_____
_____
_____
_____
_____
_____
_____
_____

Aproveite para acessar seus presentes on-line em:
www.stopansiedade.com.br

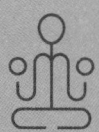

PASSO 2
Limpar

Uma vez eu assisti ao filme Amor Sem Escalas, em que o George Cloney era um palestrante motivacional. O título da palestra dele era: "O que você leva na sua mochila?"

O personagem sempre começava a palestra colocando uma mochila em cima da mesa. Depois de abri-la, ele surprendia a todos, fazendo a seguinte pergunta: "Quanto as suas vidas pesam?"

E agora, eu lhe faço o mesmo questionamento: Quanto a sua vida pesa? Você carrega coisas que já não usa mais? Relacionamentos, roupas e livros que já não conectam mais com quem você é agora? Você leva coisas de que não gosta?

Saiba que uma mochila muito pesada pode deixá-lo sobrecarregado, cansado e até mesmo impedir o seu andar. Você não vai conseguir se movimentar, e a vida é movimento!

Então, vamos começar a limpar o que não serve mais, deixar o passado para trás, encerrar os ciclos, nos desapegar de condicionamentos antigos. Assim, você vai ter espaço para o novo na sua vida.

[E o que você acha de deixar o livro de lado por alguns minutos para fazer um "PP" antes de continuar? Vamos lá?]

[DESAPEGO]
O PODER DE ENCERRAR CICLOS

Quando a mente fica presa ao Ciclo da Ansiedade Emocional, com o passar do tempo, ela começa a se fechar em si mesma. Dessa forma, a mente se sente separada do todo, do fluxo da vida.

Quando isso acontece, ela se desconecta da abundância e começa a experimentar uma realidade limitada, de escassez. Presa ao passado, com medo do futuro, ausente do momento presente.

Nesse ponto, nasce o apego às coisas materiais, às pessoas, aos relacionamentos, às ideias... E é importante entender o que é ser apegado, e o que é ser desapegado.

Por muitos anos, eu acreditei que era uma pessoa superdesapegada, quando na verdade era extremamente apegada (e por isso também extremamente ansiosa).

Mas eu conheci um conto que me fez refletir, e passei a entender o real sentido do desapego. A história se passa na Índia, onde um renunciante fez seus votos espirituais e seguia peregrinando apenas com sua túnica e sua cuia. Ele recolhia as doações e preparava seu alimento na cuia, e não tinha nada além disso.

Um dia ele chegou ao castelo de um grande rei, que o recebeu e acolheu muito bem, convidando-o para passar a noite. No outro dia pela manhã, o rei pediu que o peregrino o acompanhasse em sua caminhada matinal pelos arredores do castelo.

Quando chegaram no alto de uma montanha, avistaram o castelo em chamas, perceberam que tudo estava ruindo. O rei se manteve calmo, olhando a situação, enquanto que o renunciante se desesperou. Sem entender nada, o rei perguntou porque ele estava tão desesperado. E o peregrino explicou que sua única cuia estava lá no castelo.

Desapego não significa ter pouco, desapego é um sentimento em relação ao que você possui (seja coisas materiais, seja memórias, seja relacionamentos) e está relacionado ao passado.

A vida é movimento! A vida é feita de ciclos!

Tudo no Universo está em movimento. Tudo está se transformando, se renovando e evoluindo o tempo todo – desde as células do seu corpo até o movimento dos planetas e estrelas no céu. E todo movimento tem um ciclo, tudo nasce, cresce, morre, nasce, cresce, morre.

Olhe para uma nogueira. Ela perde todas as suas folhas no inverno sem apego para depois ter folhas novinhas no verão.

Quanto mais apegado, mais pesado você fica. Quanto mais pesado, menos você se movimenta na vida (ou fica mais difícil para você se movimentar). Quanto menos você se movimenta na vida, menos energia você tem.

Por isso, é preciso aprender a encerrar ciclos e entender que, para o novo se manifestar, você precisa abrir espaço dentro de você.

O ato de encerrar ciclos requer o desapego de coisas materiais, pessoas e relacionamentos. Sobretudo, envolve o perdão em relação ao passado e aos antepassados.

É preciso desapegar do que não faz mais você feliz hoje. Olhar para o passado e sentir apenas gratidão – sem culpas, sem vergonhas, sem vitimização, sem acreditar que "aquele tempo é que era bom".

Além disso, é compreender que o que o trouxe até aqui não vai levá-lo para o próximo nível. Afinal, você quer evoluir, superar a ansiedade, ser uma pessoa melhor. Por isso, é preciso curar as feridas emocionais do passado, se perdoar e se libertar de tudo o que não serve mais!

Para vencer a ansiedade, você precisa soltar, desapegar-se de tudo aquilo que gera ansiedade:

> – **Hábitos que roubam a sua energia.**
> – **Relacionamentos que já não fazem mais sentido.**
> – **Pessoas com as quais você não tem mais afinidade neste momento.**
> – **Roupas, livros e objetos que não lhe trazem felicidade, só ocupam espaço.**

Sei que é não é fácil, e está tudo bem. Quero que você reflita neste momento sobre tudo o que não lhe serve mais.

[SUPERAÇÃO] DOS CONDICIONAMENTOS MENTAIS E CIRCUITOS EMOCIONAIS REATIVOS

Você gostaria de ter o poder de interferir no seu estado mental e emocional?

Ter mais energia, conseguir relaxar, evitar aquela explosão emocional?

Saiba que você pode fazer isso! E, o melhor, de uma forma mais simples que imagina...

O segredo está na respiração!

Sim! A respiração é como uma ponte que une o seu corpo com a sua mente.

Todas as emoções, pensamentos, sentimentos e ações influenciam a sua respiração. Assim como a forma como você respira influencia seus pensamentos, sentimentos e emoções.

Ilustração: Alice Tischer

Já dizia o sábio do Oriente, B. K. S. Iyengar:

Assim como as folhas se movem ao vento, a mente se move ao sabor da respiração. Quando a respiração se torna regular e tranquila, tem o efeito de neutralizar a mente. Quando você sustenta a respiração, sustenta a alma.

A respiração é o seu primeiro e último ato na vida. A respiração é a manifestação física da energia vital, que é a força presente em tudo o que é vivo. Trata-se de uma energia não material presente em cada pequena célula do corpo. Nas tradições orientais, é conhecida como *prana*, *chi* ou *ki*.

Quando muda a sua forma de respirar, você transforma o seu modo de enxergar a vida!

Quanto tempo você pode ficar sem respirar? Você sabe a resposta?

É possível permanecer semanas sem comer, passar dias sem beber água, mas, sem respirar, você pode ficar apenas alguns minutos...

Respiração
Minutos

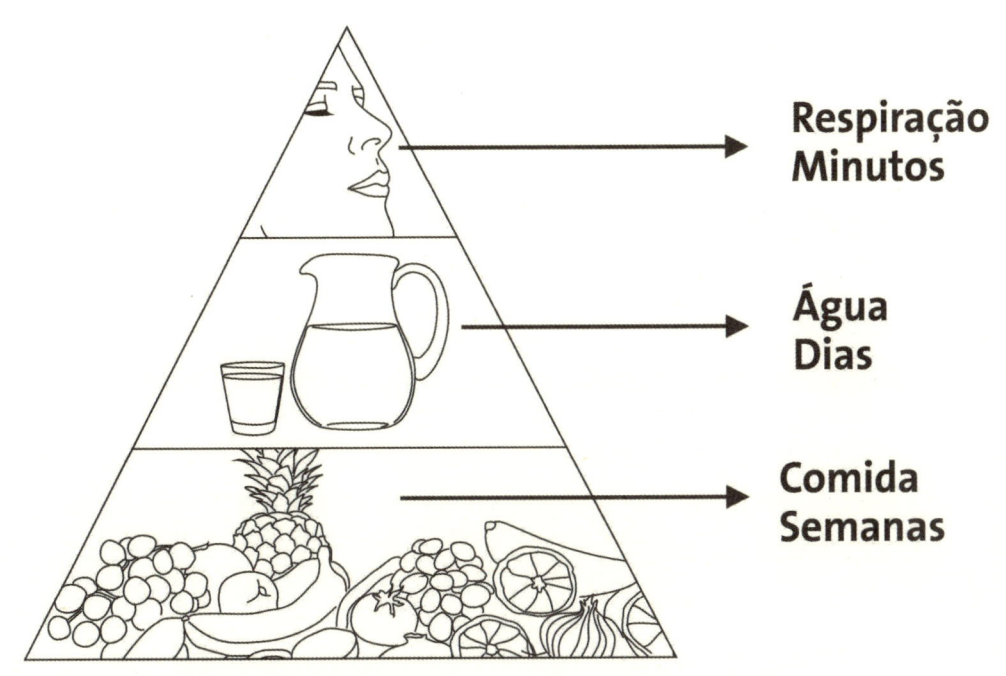

Água
Dias

Comida
Semanas

Ilustração: Alice Tischer

O ato de respirar, por mais simples que pareça, envolve mais componentes do que imaginamos. A respiração permite ao corpo absorver o oxigênio necessário à produção de energia e, assim, eliminar o gás carbônico resultante das reações químicas.

Mas hoje o estilo de vida moderno nos desconectou da respiração. Nós respiramos errado, sim!

Pense... Como está a sua respiração agora?

Normalmente, a respiração acontece de forma superficial e curta. Sem esvaziar completamente os pulmões, não temos espaço para inspirar oxigênio. Muitas vezes, ao invés de respirar pelas narinas, que é a forma correta, respiramos pela boca.

Essa maneira de respirar gera: ansiedade, estresse, medo, preocupação, dores de cabeça, cansaço, falta de clareza, dores nas articulações, doenças respiratórias, instabilidade emocional, enfim, uma série de problemas.

Nenhum ser humano é capaz de viver sem respirar, mas muitas pessoas passam uma vida inteira sem respirar de forma adequada.

O ser humano precisa urgentemente reaprender a respirar!

É fundamental expirar longa e profundamente, esvaziar completamente os pulmões, para poder inspirar profundamente.

Para ajudar você a melhorar a sua respiração, eu vou compartilhar uma superdica. É algo muito prático e também uma delícia de fazer! Deixei lá no final do capítulo, na parte dos exercícios e práticas.

O corpo humano está o tempo todo se renovando (lembra que tudo no Universo é movimento?!), e quando você começa a respirar de forma consciente, a utilizar exercícios respiratórios com finalidades específicas, você assume o controle e se torna capaz de mudar seus padrões de pensamento, sentimento e emoção.

E para ajudar a renovar sua energia, revitalizar seu corpo e sua mente, eu vou compartilhar com você agora, e nos próximos capítulos, algumas das mais poderosas práticas de respiração.

São exercícios respiratórios utilizados há milhares de anos por grandes mestres e sábios do Oriente. Práticas para maximizar a entrada de oxigênio e livrar o corpo de impurezas, estimulando o sistema corporal e ativando um estado mental de relaxamento, calma e energia, livre de tensões.

O exercício respiratório que eu escolhi especialmente para este capítulo ajuda você a dissolver condicionamentos mentais. É como se você ligasse um aspirador de pó na sua mente para sugar os pensamentos com raízes em condicionamentos mentais negativos.

Sempre que você estiver precisando mudar um pensamento, ter mais clareza, mais concentração, limpar a mente, faça este exercício.

Eu recomendo que você o insira na sua rotina, faça-o pelo menos uma vez ao dia (hoje, amanhã e depois).

E aí? O que você acha de praticar? Agora?

Afinal de contas, você já sabe, se ficar só na teoria a mudança que deseja não vai acontecer. No final do capítulo, você vai encontrar o exercício. Então, vamos lá!

[PERDÃO]
NÃO EXISTEM VÍTIMAS, CULPADOS OU VILÕES

Todo ser humano já passou por períodos de dor e sofrimento. Cada um de nós já experimentou momentos em que se sentiu vítima, injustiçado, mas também ocasiões em que se sentiu culpado, responsável.

Você, eu, todo mundo, já teve em algum momento da vida uma situação difícil ou de dor: uma traição, uma crise financeira, uma briga com alguém que ama, um acidente...

E não importa quantas situações difíceis você vive, o que importa é o que você sente em relação a essas experiências. Existe alguma situação do seu passado que lhe traga culpa, vergonha, raiva ou mágoa? Há algo de que você não gosta nem de lembrar e que, se pudesse, apagaria da sua história?

Pois saiba que é exatamente isso que prende você ao Ciclo da Ansiedade Emocional. Esses sentimentos bloqueiam o fluxo da abundância, impedem que você sinta a energia do amor. Com isso, você não consegue perdoar o passado, nem honrar o que viveu.

Cada história que você viveu o trouxe até aqui, fez você ser quem é hoje. É preciso perdoar e agradecer!

Mesmo que você se sinta vítima, mesmo que você sinta que foi muito difícil, perdoe e agradeça. Perdoar não quer dizer que você precisa concordar ou gostar. Perdoar significa soltar.

Há dez anos, em um curso, eu aprendi uma frase que se tornou um mantra para mim: "Na vida, não existem vítimas, culpados ou vilões".

O simples fato de eu entender isso foi libertador para mim. A partir do momento que você compreende que cada situação que viveu foi você quem criou, começa a despertar uma força, um poder interno, que mudam completamente a sua vida.

Sim! Você é o responsável por tudo que acontece na sua vida! Você não é culpado, você é responsável.

Tudo de bom e tudo de ruim!

Você cria a sua realidade o tempo todo. Neste exato momento você está criando a sua realidade através de cada pensamento, emoção e sentimento que existem dentro de você.

Lembra do subconsciente e do poder dos sentimentos? Pois é, tudo o que você guarda no seu "porão" está trabalhando 24 horas por dia para criar a sua realidade.

A vida funciona por compatibilidade de frequência e sintonia (lembra do exemplo do rádio?), e você atrai para a sua vida exatamente aquilo que seus pensamentos, emoções e sentimentos estão sintonizados.

Você não pode mudar os fatos do passado, porque já passou. Mas você pode mudar o seu sentimento em relação ao que aconteceu. E é isso que importa. É isso que vai permitir que você não fique preocupado com o futuro.

O tempo é circular, você está lembrado?

O único momento em que pode fazer alguma coisa é o agora. É no presente que você pode escolher desativar condicionamentos mentais e circuitos emocionais reativos negativos.

É o agora que você determina o seu futuro.

> **O seu futuro depende do seu agora!**
> **Solte o peso do passado**
> **e permita-se viver uma vida mais leve.**
> **Chega de culpar os outros!**
> **Chega de se sentir coitadinho!**
> **Chega de ficar se culpando, se punindo!**
> **Chega de se sentir vítima!**
> **Chega de não se sentir bom ou merecedor!**

Eu sei que não é fácil. Mas eu sei que é possível. Eu acredito em você. Assumir sua responsabilidade é sinal de maturidade. Você não é perfeito, e nem precisa.

Assim como as pessoas com as quais você convive, os seus antepassados, aqueles que vieram antes, ninguém é perfeito, e nem precisa ser.

Nós estamos aqui em busca do amor. Todos nós estamos buscando a felicidade. Cada um do seu jeito. Cada um no seu próprio nível de evolução e consciência.

Para você acessar um estado de calma e de serenidade na sua mente, o primeiro passo é praticar o perdão. Perdão até mesmo pelo que você não lembra, pelo que não tem consciência agora.

Por isso vou compartilhar com você uma afirmação de poder, uma oração muito poderosa: a Oração do Perdão. Como é uma oração livre, sem nenhum vínculo com religião, qualquer pessoa pode e deve fazer.

Abra seu coração, permita que esta oração fale diretamente com a sua mente subconsciente. Ela está na parte dos exercícios e práticas.

Minha recomendação é que você faça esta afirmação de poder (oração) todos os dias a partir de agora. Repita ela por um período mínimo de 21 dias.

A CORAGEM DE ACEITAR SUAS IMPERFEIÇÕES

Qual é o preço da ansiedade? Você já se fez essa pergunta? Há uma propaganda que diz: "Existem coisas na vida que não tem preço…" E a ansiedade é uma delas – só que no lado negativo.

Se tivesse um preço, o valor seria caro demais! Você, que sofre com a ansiedade, sabe que é verdade.

Uma mente ansiosa…

✓ Deixa-nos acelerados, impacientes e com a sensação de falta de tempo.

✓ Não nos permite errar.

✓ Prende-nos pelo medo de fracassarmos, de não sermos bons o bastante, de não agradarmos, de não sermos perfeitos.

✓ Faz com que nos esforcemos para cumprir as expectativas dos outros, mesmo que isso nos deixe esgotados emocionalmente.

✓ Está sempre preocupada, fazendo previsões para o futuro, tentando manter o controle e, quando o futuro chega, nada daquilo acontece.

✓ Nos faz acreditar que nada é o suficiente. Estamos sempre insatisfeitos, e nos exigimos mais e mais, o que acaba nos deixando cansados e angustiados.

✓ É fragmentada, separada do todo, que se sente sozinha e sobrecarregada.

✓ Cobra, critica e rouba o que você tem de mais precioso: a sua essência!

✓ Esqueceu o que é o amor, se desconectou da sua essência, se desconectou da fonte da vida!

✓ Sente falta de amor, implora por amor, busca esse amor desesperadamente...

E é justamente nessa busca por amor que ela cobra perfeição, que ela nos faz ir além dos nossos limites, que ela não nos permite relaxar, que ela se preocupa e tenta nos controlar.

Tenha a coragem de aceitar as suas imperfeições! De ser diferente! De pensar diferente! Tenha coragem de ser você, sem se importar com o que os outros vão pensar, sem se comparar e sem tentar agradar.

Permita-se derrubar os muros de proteção construídos pela mente ansiosa e acessar a sua essência.

Não se assuste, lá no mais profundo do seu ser, no fundo do seu coração, você vai encontrar luz, mas também sombra!

O Universo é dual. A vida é dual.

Luz e sombra fazem parte da natureza!

Aceite a luz, aceite a sombra! Afinal, somos seres humanos vivendo uma experiência na dualidade, a vida precisa dos opostos para se movimentar.

Você só vai conseguir vencer a ansiedade de forma definitiva quando se permitir ser inteiro, quando você amar cada uma das suas partes, quando você amar a sua história, quando você se aceitar incondicionalmente.

Saiba que você não precisa ser forte o tempo todo.

Não precisa dar conta de tudo sempre. Não precisa agradar a todo mundo. Você é um ser humano, e faz parte da nossa natureza sentir medo, ficar irritado, errar e depois se arrepender.

Ao tentar negar, fugir ou esconder tudo isso, você se aprisiona e corta o movimento da vida. Ao aceitar, entender e acessar a sua força interna, para melhorar e evoluir, você se conecta com o fluxo da vida, com a abundância!

Não importa o que os outros pensam sobre você. Não importa o que outros esperam de você.

O que importa realmente é você saber que coloca amor em tudo o que faz. Compreender que tudo o que você faz é executado com presença. Em tudo o que realiza, você faz o seu melhor, que você faz o melhor que pode naquele momento.

Tudo o que você precisa é de capricho! Sim! Capricho é fazer o melhor na sua atual condição, enquanto você não tiver condição de fazer ainda mais impecável. Isso eu aprendi com o filósofo Mario Sergio Cortella.

Dê o seu melhor para o mundo. Simplesmente seja você! (Isso exige coragem, e eu sei que você tem).

Quando você faz o seu melhor, fica tudo bem! Acredite! (Vamos falar mais sobre isso nos próximos capítulos.)

[DETOX] CORPO E MENTE

Quantas vezes você já se pegou literalmente "viajando"? Com a cabeça (a mente) em um lugar e o corpo em outro? Quando a mente e o corpo se separam, você abre as comportas da ansiedade e ela vem com tudo, como uma avalanche.

Corpo e mente fazem parte de um único sistema. É preciso ampliar a visão sobre o ser humano, entender que somos um todo complexo e interligado, e não um amontoado de partes separadas.

Assim como os diferentes sistemas do corpo (circulatório, endócrino, digestivo, etc.) interferem um no outro, corpo e mente também se influenciam.

Você se lembra do exemplo do rádio? Se o rádio (o cérebro) estiver quebrado, com alguma peça faltando, dificilmente vai conseguir captar as frequências de ondas que deseja (da mente). Algumas vezes pode até conseguir conectar, só que é aquela chiadeira...

Assim como seus pensamentos, sentimentos e emoções interferem na fisiologia do corpo, modificando desde a estrutura cerebral até os níveis hormonais, o que você faz com o seu corpo influencia não só o seu estado de saúde físico, mas a sua mente também.

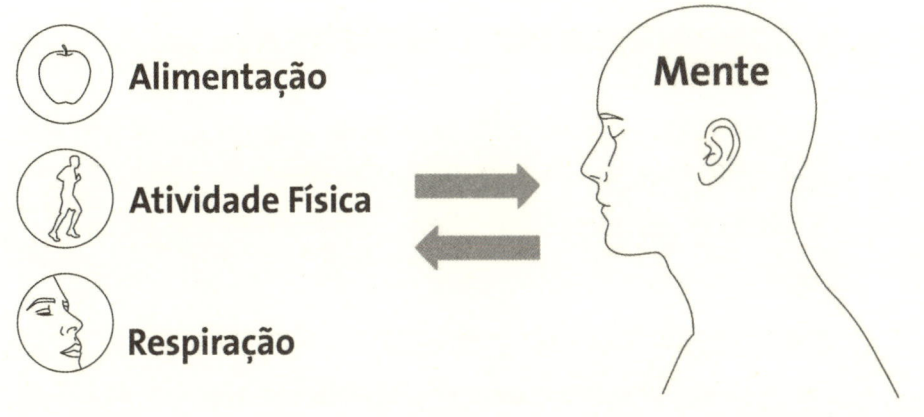

Alimentação

Atividade Física

Respiração

Mente

Ilustração: Alice Tischer

Respiração, atividade física e alimentação são 3 elementos que interferem diretamente no estado de saúde e nível de energia do seu corpo e da sua mente.

A causa real da ansiedade é a dificuldade em estar vivendo o momento presente, ou seja, a Síndrome da Ausência da Presença. Sim, é isso mesmo.

Porém, esses 3 elementos que interferem na sua saúde atuam como causas secundárias, porque eles desconectam você do momento presente. Deixa eu lhe explicar.

MÁ ALIMENTAÇÃO
+
SEDENTARISMO
+
RESPIRAÇÃO SUPERFICIAL

COMBINAÇÃO PERFEITA PARA ANSIEDADE

O primeiro deles é a alimentação. Quando não se alimenta de forma adequada, o seu corpo não consegue funcionar direito. E acredito que não existe uma receita de alimentação padrão para todo mundo, cada um de nós precisa respeitar seu biotipo e estilo de vida.

Mas eu quero dar outro exemplo para você: imagine como seria abastecer o seu carro com um combustível de má qualidade ou com algo que parece combustível, mas não é. O que aconteceria com o seu carro? A resposta é óbvia, não é mesmo?

Compreenda que os alimentos que você ingere são o combustível do seu corpo e eles irão influenciar diretamente o seu nível de energia.

As diferentes substâncias químicas presentes nos alimentos que você ingere entram na sua corrente sanguínea e interferem em seus circuitos neurais. E, como explica o Dr. Daniel J. Siegel: "Este é o cérebro que tanto molda quanto é moldado pela mente".

Quando você está ansioso, preso ao Ciclo da Ansiedade Emocional, fica exposto à famosa Fome Emocional – você já deve ter ouvido ou até mesmo usado essa expressão. Dessa forma, come alimentos que lhe fazem mal e você acaba se arrependendo depois. Saiba que, ao ingerir determinados tipos de alimento (**comida industrializada, conservantes, excesso de açúcar, etc.**), você pode acionar um gatilho para a ansiedade.

E este livro não tem o objetivo de falar sobre alimentos, dietas, nada disso... Escrevi este livro com a intenção de ajudar você a controlar suas crises de ansiedade e todos aqueles sentimentos associados a ela (medo, insatisfação, angústia, cobrança...). Por isso, eu não posso deixar de chamar atenção para a qualidade dos alimentos que você ingere, pois a sua alimentação faz parte do controle da sua ansiedade.

À medida que você for aplicando os exercícios e técnicas do livro, começará a se sentir mais calmo, controlará a ansiedade, o que acabará interferindo automaticamente na escolha dos seus alimentos.

Quando se conhece (sabe o que é bom para você, sem precisar seguir regras prontas), está com sua mente no presente e conectado com a sua essência, você começa a fazer escolhas conscientes em todas as áreas da sua vida, inclusive na alimentação.

Se eu pudesse lhe dar apenas uma dica em relação à alimentação e à ansiedade, diria: **beba água!!!**

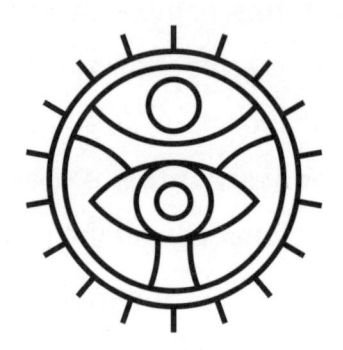

Beba muita água! Não espere sentir sede para tomar água, mantenha seu corpo hidratado, isso vai ajudar muito a manter o controle da sua mente.

Como sei que, se você chegou até aqui, está realmente comprometido, eu vou ir mais além. Na parte final deste capítulo, reservado aos exercícios, eu vou compartilhar com você uma prática que hoje faz parte da minha vida.

Ela ajuda a hidratar o seu corpo e ainda limpa a sua mente subconsciente. Está bom para você? Então, depois que terminar esta parte, veja como fazer a *Água Solarizada Azul* lá no final deste capítulo.

O segundo elemento que vai ajudá-lo a controlar a ansiedade é a respiração, e você já viu a importância dela aqui mesmo neste capítulo. Se você está seguindo o método, aplicando os exercícios, com certeza já está sentindo neste momento o poder da respiração.

Mas, se quiser melhorar ainda mais o modo como respira, aplique a dica de *aromaterapia* que eu ensino no final deste capítulo. Além de conferir a *Respiração da Abelha*, técnica que você também encontra lá. E siga fazendo o seu "PP" com comprometimento.

Já o terceiro elemento se refere à atividade física. Você faz exercícios regularmente ou é sedentário? Falar sobre essa questão é muito importante, e eu tenho obrigação de fazer esse alerta para você, porque hoje, no estilo de vida moderno, há um excesso de atividade mental e quase nada de atividade física.

Muitas vezes, exigimos da mente o tempo todo, mas não movimentamos nosso corpo. E esse tipo de comportamento é o que mais observo nas pessoas que sofrem com a ansiedade, reclamam de insônia ou de síndrome das pernas inquietas.

Há tantas opções de exercício físico, para todos os estilos e gostos, ao ar livre ou em academias. Fazer caminhadas, alongar, dar um mergulho no mar, dançar, andar de bicicleta...

Tenho certeza que você vai encontrar alguma atividade de que goste, que seja algo prazeroso, que faça bem para seu corpo e sua mente.

Para que você se conecte com o agora, é fundamental movimentar o corpo e prestar atenção ao movimento, colocando presença e consciência corporal.

Em muitos casos, o excesso de atividade mental cria um estado interno de tensão que drena toda a sua energia, e você não tem vontade nenhuma de sair do sofá ou fazer seja lá o que for. Assim, você acaba ficando cada vez mais preso neste ciclo de ansiedade emocional.

Por isso, cuidado. Você não precisa fazer muito, exagerar, passar dos seus limites. A mudança pode e deve acontecer num ritmo que você se sinta feliz, e isso é algo muito pessoal.

O ser humano superestima o que pode ser feito em um dia e subestima o que pode ser feito em um ano.

Durante o seu banho, se você entrelaçar as mãos e alongar os braços acima da cabeça por 1 minuto, todos os dias, no final de um ano, você vai ter alongado 365 minutos (uau!).

Lembre-se do **Hoje-Amanhã-Depois (HAD)**, tudo na vida depende do HAD!

A pergunta que você precisa responder (para si mesmo) agora é: Qual é o nível de energia que desejo ter?

Quanto mais você fizer, mais resultado vai ter!

Agora é com você!

Aplique com regularidade os exercícios e práticas que aprendeu aqui e confie! Os resultados vão acontecer, ou melhor, já estão acontecendo.

Cuidado com o imediatismo! Assim como a sua ansiedade não surgiu de repente, ela também não vai ir embora de uma hora para a outra.

Tudo o que é valioso na sua vida levou tempo e energia: construir um relacionamento sólido e amoroso com seu marido, educar um filho, conquistar reconhecimento e sucesso profissional.

Controlar a ansiedade também é assim!

Você tem um método, um caminho, só precisa fazer a sua parte. Eu acredito em você!

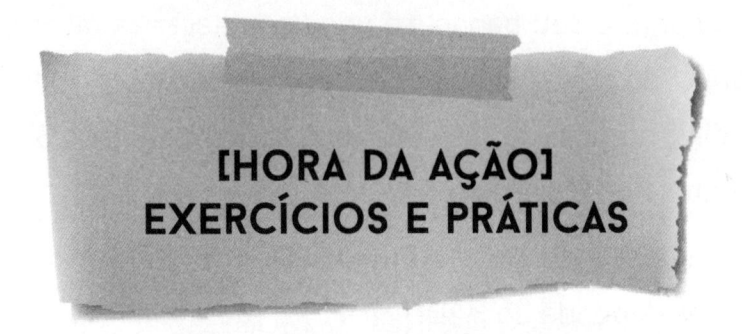

[HORA DA AÇÃO] EXERCÍCIOS E PRÁTICAS

[RESPIRE] SUPERDICA!

Muitas pessoas não conseguem respirar direito porque sofrem com o nariz trancado e outros problemas respiratórios.

Mas saiba que a aromaterapia é uma excelente aliada nesses casos. E você vai aprender a seguir uma técnica poderosa com base nessa terapia que utiliza óleos essenciais.

Você pode fazê-la sempre que estiver com as vias aéreas congestionadas ou quando quiser relaxar, acalmar-se, ter mais energia. Você vai se sentir muito mais leve depois, com mais energia e clareza. Experimente!

Você vai precisa de: Óleo essencial de Hortelã ou Menta. Existem vários tipos, escolha qualquer uma dessas plantas que vai funcionar.

No entanto, não pode ser um "aroma", feito de forma sintética.

Como fazer:

1. Coloque uma gota do óleo essencial de Menta ou Hortelã em seu pulso.

2. Esfregue um pulso no outro e leve até as narinas, fazendo uma respiração bem profunda.

3. Feche seus olhos, faça uma retenção, segurando um pouquinho o ar nos pulmões.

4. Depois, solte o ar bem devagar.

5. Repita por mais 4 ou 5 vezes.

RESPIRAÇÃO DA ABELHA

Este exercício é simples, até as crianças podem fazer, e ele ajuda a aquietar a mente. Ele acalma aquela "tagarelice mental", melhora a concentração, a memória e a confiança interior.

É o seu verdadeiro "aspirador de condicionamentos mentais negativos". Sempre que você estiver precisando mudar um pensamento, ter mais clareza e concentração ou limpar a mente, faça este exercício.

Eu recomendo que você o insira em sua rotina, faça-o pelo menos uma vez ao dia (Hoje-Amanhã-Depois).

Ao final desta respiração, você conseguirá acessar um sentimento de profunda paz interior. Vamos lá!

Como fazer:

1. Sente com a coluna reta, de forma confortável.

2. Relaxe o seu rosto, mantenha a boca e os olhos fechados.

3. Feche bem os ouvidos com os dedos das mãos (pode ser com o indicador ou o polegar, como ficar mais confortável para você).

4. Inspire naturalmente pelas narinas.

5. Expire pelas narinas e emita um som agudo e contínuo, como o zumbido de uma abelha: "MMMMMM..."

6. Ao emitir esse som, você sentirá uma leve vibração na garganta, boca, bochechas e lábios. Concentre-se nesse som.

7. Repita o exercício por 2 ou 3 minutos.

Este exercício ajuda a aliviar a tensão cerebral. Dissolve ansiedade, a raiva e a frustração. É um superaliado no combate à insônia, além de eliminar o cansaço mental.

Ilustração: Alice Tischer

Convido você a fazer uma pausa na leitura neste momento. Experimente o exercício com calma e concentração. Agora, é importante que você também repita este exercício nos próximos dias. Quanto mais você fizer, mais resultados e benefícios vai ter!

Comprometa-se em praticar, no mínimo, uma vez ao dia. E aí, posso contar com você? Você está 100% comprometido?

Então, escreva aqui como você vai fazer, quantas vezes ao dia, o horário, como você vai fazer para se lembrar. Vai colocar um alarme no seu celular ou colar um lembrete na sua mesa de trabalho?

_____
_____
_____
_____
_____
_____

[AFIRMAÇÃO DE PODER] ORAÇÃO DO PERDÃO

Eu escrevi a Oração do Perdão com todo amor para você. Recomendo que você a faça antes de dormir, pelo período mínimo de 21 dias.

> Do centro do meu coração, onde existe apenas amor, elevo meus pensamentos e me conecto com a luz.
> Eu escolho agora, perdoar e ser perdoado.
> Eu perdoo e peço perdão ao meu pai, a minha mãe e a todos os meus antepassados.

Eu perdoo e peço perdão a todos que compartilham sua vida comigo neste momento.

Eu perdoo e peço perdão a todos que fizeram parte da minha história em algum momento.

Perdão pelo perdão em si.

Neste momento, corto todo e qualquer laço de sofrimento e desejo apenas que você seja feliz. Que você siga o seu caminho, assim como eu sigo o meu caminho.

Neste momento, deixo ir tudo o que passou. Tudo o que fica é aprendizado, apenas aprendizado.

Gratidão!

Eu escolho agora limpar todas as memórias de dor e sofrimento que carrego no meu corpo e na minha mente.

Por isso, peço perdão por todos os julgamentos, medos, culpas, mágoas, tristezas, por todas as vezes que me afastei do amor.

Peço perdão por tudo o que não me agrada na minha vida presente, porque sei que sou eu quem cria a minha realidade.

> Permito que todos os bloqueios criados pela minha mente sejam dissolvidos na luz do amor agora.
>
> Eu escolho agora: entregar, confiar.
>
> Deixo de tentar controlar a vida, de tentar controlar os outros, porque confio no fluxo da vida.
>
> Deixo de buscar amor, reconhecimento ou aprovação nos outros, porque sei que tudo o que preciso está em mim.
>
> Deixo ir... Deixo fluir...
>
> Neste momento, limpo minha mente e abro meu coração para a luz e para o amor.
>
> Tudo que existe em mim é luz, é amor.
>
> Gratidão!

ÁGUA SOLARIZADA AZUL

A ideia aqui é potencializar o processo, ajudar você a sair do Ciclo da Ansiedade Emocional o mais rápido possível, trazendo ainda mais equilíbrio e harmonia para o seu corpo e a sua mente.

A Água Solarizada Azul é uma poderosa ferramenta de limpeza do subconsciente, que faz parte da técnica havaiana de cura chamada Ho'oponopono.

Quando utilizada com intenção e foco, dentro de um processo de autoconhecimento, ela ganha força e é capaz de gerar resultados surpreendentes:

✓ **Diminui a ansiedade, ajuda a relaxar e acalmar a mente;**
✓ **Dissolve tristeza, medos, culpas e mágoas;**
✓ **Traz clareza interior (capacidade de enxergar além, sem rigidez mental ou ideias fixas);**
✓ **Dá coragem para fazer mudanças;**
✓ **Auxilia no processo de autoconhecimento e conexão interior;**
✓ **Faz a conexão com o fluxo da vida e da abundância;**
✓ **Conecta com a Energia do Amor.**

É claro que a Água Solarizada Azul produz efeitos diferentes e particulares em cada pessoa. Afinal, cada um de nós está em um processo único de cura e resgate interior.

O melhor de tudo: a Água Solarizada Azul funciona mesmo que a pessoa não acredite ou mesmo que ela nem saiba que está bebendo.

Mas, como eu falei antes, se você utilizar esta poderosa ferramenta dentro de um processo de autoconhecimento (que é seu caso, porque você está lendo este livro e aplicando os exercícios), vai ter ainda mais benefícios.

Antes de eu explicar como fazer a Água Solarizada Azul, deixa eu lhe explicar por que ela funciona:

O corpo humano é constituído de 80% de água, e esta água vibra numa determinada frequência, conforme os pensamentos, sentimentos e emoções que temos ao longo dos dias, meses e anos.

A água é um elemento condutor de energia, com capacidade de atrair e reter em si qualquer tipo de energia (tanto positiva como negativa), inclusive energia elétrica. Por essa razão, podemos considerá-la um acumulador energético.

A Água Solarizada Azul resulta da energização da água por meio da energia solar e da cor azul. A luz do sol tem um efeito purificador, renovador e revitalizante. Combinando-a com a cor azul, através da cromoterapia, ativamos um efeito calmante, relaxante e curador.

Ao beber a Água Solarizada Azul, você preenche o seu corpo com essa nova vibração. Todas as células do seu corpo e a sua mente são inundadas por essa nova frequência de paz, tranquilidade e harmonia.

Quer saber como fazer esta água poderosa? Você vai ver que é muito simples:

1. Use uma garrafa de vidro azul (qualquer cor de azul vai funcionar: do azul claro ao azul escuro).

2. Preencha-a com água filtrada ou mineral.

3. Cubra a garrafa com um pedaço de filó, algodão ou até mesmo uma gaze.

4. Prenda com uma borracha ou fita. A finalidade do paninho é apenas protegê-la da sujeira e dos insetos, mantendo-os fora.

5. Coloque-a exposta ao Sol durante duas horas ou mais (quanto mais tempo ficar, mais energizada).

6. Prontinho, agora é só beber! Você vai ver que esta água fica levemente adocicada, uma delícia!

7. Use sua criatividade: no preparo de sucos, chás, banho, para regar as plantas, lavar as roupas. Quanto mais você usar mais benefícios vai ter.

8. É importante lembrar que a Água Solarizada não pode ser fervida e nem congelada, pois as partículas tornam-se neutras, perdendo o seu efeito.

9. A validade da Água Solarizada é de 4 a 5 dias. Ela pode ser armazenada na geladeira (particularmente, eu não gosto e não faço).

[REVISÃO]
O QUE VOCÊ APRENDEU ATÉ AGORA

Qual é a mensagem que mais tocou seu coração neste capítulo?

_____
_____
_____
_____

Agora, com o que você aprendeu, o que você vai fazer diferente na sua vida? Quais são as mudanças que você está comprometido a fazer agora?

_____
_____
_____

_____

_____

_____

Faça um plano de ação: quais são os exercícios e práticas que você vai implementar na sua rotina. Organize seus próximos dias listando como você vai fazer para colocar em prática os exercícios:

_____
_____
_____
_____
_____
_____
_____
_____
_____
_____

Aproveite para acessar seus presentes on-line em:
www.stopansiedade.com.br

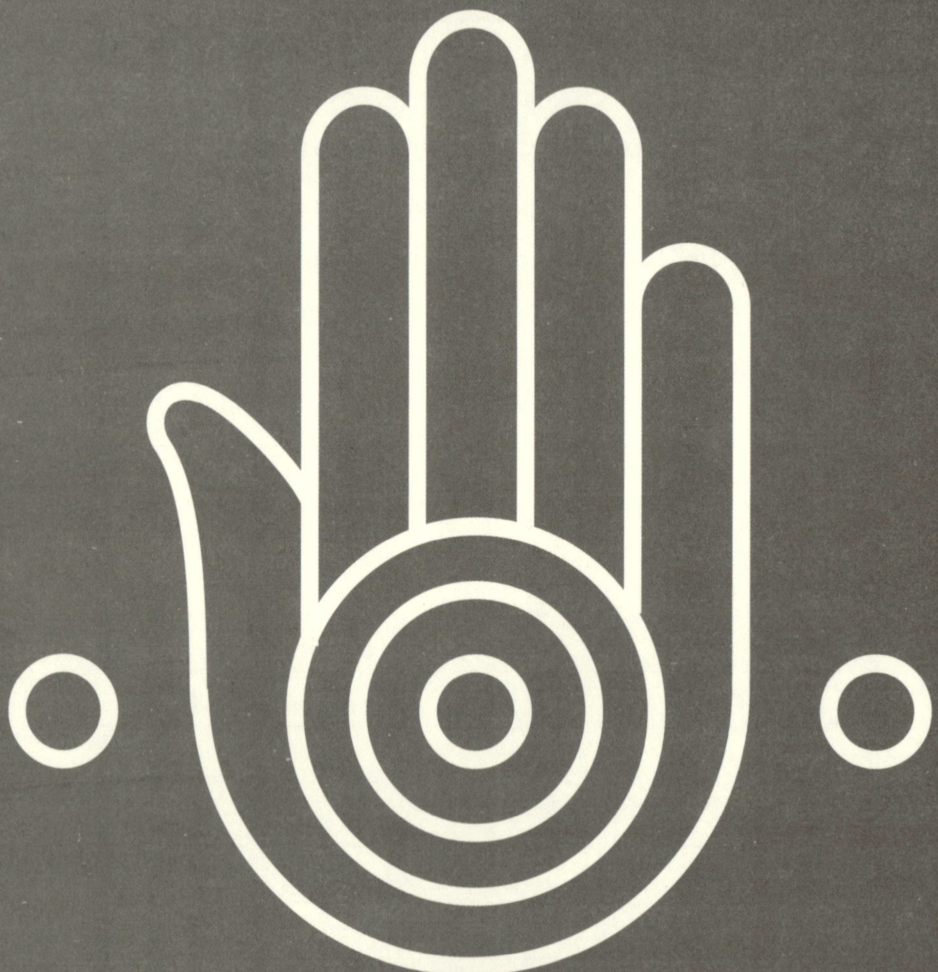

PASSO 3
Acreditar

"Nada real pode ser ameaçado, nada irreal existe. Nisso reside a paz de Deus." (Um Curso em Milagres)

No terceiro passo, você vai descobrir a importância de ativar a sua conexão interior e como fazer isso de forma simples e prática. Aqui, você vai aprender como vencer os guardiões da ansiedade e, assim, se reconectar com o fluxo da vida.

Este é um passo de profunda reconexão com a sua essência, em que você deixa de se importar tanto com os outros e investe muito mais em você. A partir dessa compreensão, você começa a ativar o seu poder interior, a se sentir merecedor, a ter mais força e coragem para enfrentar os desafios. Passa a sentir paz dentro de você, independente do que acontece do lado de fora.

A ORIGEM DO SOFRIMENTO

A origem de todo o sofrimento do ser humano é brigar com a realidade, não aceitar a vida como ela é. Não se aceitar como você é. Não aceitar os outros como eles são...

Brigar com a realidade é viver em um estado de separação, sem conseguir discernir entre o que é real e o que é irreal, entre o que é importante e o que não é importante, é viver em um mundo de ilusão criado por seus próprios condicionamentos mentais e circuitos emocionais reativos.

A mente ansiosa interpreta a realidade em preto e branco e não consegue perceber a multiplicidade de cores e tonalidades presentes na vida.

É viver preso ao "poderia". "Eu poderia ser 5 quilos mais magra", "Meu marido poderia ser mais amoroso comigo", "Meu filho poderia colaborar mais"...

Quando briga com a realidade, você se separa do fluxo da vida, afasta-se da sua essência e a sua mente fica presa ao condicionamento da crítica e da reclamação, que gera uma eterna insatisfação e ansiedade dentro de você.

Nada está bom o bastante. Você não é bom o bastante. As pessoas não são boas o bastante.

Sem perceber, você começa a criticar as pessoas, a falar que as coisas não aconteceram como você queria, a dizer que o tempo não está bom, a reclamar da fila do supermercado, a lamentar a crise....

Quanto mais reclama da vida, mais tem vontade de criticar e mais motivos surgem para reclamar, porque você vai atrair muito mais disso. Lembre-se que sua mente é como um rádio, e você escolhe onde está sintonizado. Assim, cada vez mais cansado e insatisfeito você vai se sentir.

Críticas e cobranças externas refletem críticas e cobranças internas! Críticas e cobranças internas revelam medo de ser julgado e criticado, mostram que existe medo de não ser amado.

É preciso entender que a reclamação e a crítica nada mais são do que a manifestação da falta de amor.

Sempre que existir crítica é porque há julgamento. Se existe julgamento é porque há separação. Se há separação, existe sofrimento e falta de amor.

Enquanto o ser humano não ativar a sua conexão interior, não descobrir a ligação entre todos os seres e todas as coisas, não perceber a unidade, a vida vai ser uma experiência de separação, julgamento, insegurança e solidão.

É preciso aceitar a realidade assim como ela é! É preciso aceitar e amar a si mesmo assim como se é!

Aceitar não quer dizer que, a partir de agora, você não vai fazer mais nada, porque a vida é assim mesmo e você precisa ser uma pessoa passiva, apática. Não, isso é fazer papel de vítima.

Aceitar significa que você entende que as experiências que vive agora foram construídas por você mesmo no seu passado, e que, neste momento, você está determinando o seu futuro por meio de cada pensamento, sentimento, palavra e ação.

Existem coisas que você pode e deve mudar. Mas há outras coisas que você não pode mudar. No próximo capítulo, vamos falar sobre isso, você vai descobrir o que pode e o que não pode mudar.

Mas saiba desde já que, quando briga com a realidade, você não está no presente. Sempre que bate de frente com a realidade, você tenta controlar a vida, corta o fluxo de energia, sente-se sozinho e tem a percepção de que precisa se esforçar muito para ter pouco resultado.

Pense comigo, você reclama de coisas e fatos que já aconteceram, que alguém cortou sua frente no trânsito, que o almoço não estava bom, que você deveria ter acordado mais cedo...

Cultivar a presença ajuda muito a aceitar a realidade com autorresponsabilidade. Falando nisso, quero lhe propor agora uma pausa para praticar o "PP". Vamos lá, solte o livro por alguns minutos e pratique!

É preciso amar o momento presente, com todos os problemas e dificuldades que ele apresenta, e assumir a sua responsabilidade, pois foi você que criou a vida que tem hoje. Entenda a força do 2º passo – Limpar. Quando muda o seu sentimento e entendimento sobre as experiências vividas, você muda o seu agora e o seu futuro.

O poder está com você! O poder está na presença! O poder está em amar você assim como você é. Amar a vida como ela é, agora!

Por muito tempo eu sofri com a autocobrança, a crítica e a reclamação. Briguei com a vida e demorei muito para sair desse ciclo destrutivo. Mas um exercício me ajudou muito! E é ele que eu quero compartilhar com você agora.

Veja a seguir, na parte final deste capítulo, o exercício "Pare de reclamar e concentre-se nas coisas boas".

> **Lembre-se que o presente é um presente!**

OS GUARDIÕES DA ANSIEDADE

A ansiedade é uma verdadeira prisão emocional que possui dois guardiões: **a falta de clareza e a falta de confiança.**

A falta de clareza é não saber quem você é, ou não conseguir ser quem você é de verdade, além de não perceber o que é real e o que é irreal.

Uma mente ansiosa, com excesso de pensamentos, preocupações e medos, não consegue perceber a vida como ela realmente é.

Imagine que sua mente é um lago límpido e transparente, que reflete tudo o que está ao seu redor. Só que, quando vem uma tempestade, a água do lago é remexida, fica turva, agitada e reflete imagens distorcidas do ambiente.

Uma mente ansiosa é como um lago exposto constantemente à tempestade: fica confusa, sem conseguir saber o que é verdade e o que não é. E essa falta de clareza pode ser tanto interna como externa.

A falta de clareza interna é quando você não consegue conectar com a sua essência, com a parte mais profunda do seu ser. Com uma mente ansiosa, você não percebe quem é de verdade. Sem esse autoconhecimento, você permite que as regras do jogo sejam determinadas pelo mundo lá fora.

A falta de clareza externa é não conseguir perceber a vida como ela é, o que é real e o que é irreal. Dessa maneira, coisas pequenas e irrelevantes passam a ser o centro da sua atenção. E, muitas vezes, o que é mais importante acaba ficando de lado, escondido.

A falta de clareza aqui não tem nada a ver com metas, e sim com um entendimento maior de toda a existência.

Quando não tem clareza sobre as coisas, sobre você e sobre a vida, acaba se sentindo inseguro. E essa insegurança, essa falta de confiança, gera um medo que faz com que a mente se torne escrava dos circuitos emocionais reativos. Assim, você perde a capacidade de escolher.

A falta de confiança é não se sentir conectado ao fluxo da vida e não se permitir uma conexão com a força maior. Não importa o nome que você dê a ela: Deus, Mãe Divina, Energia Criadora da Vida, Universo. Simplesmente, você acredita que é um ser isolado.

Esse estado de separação faz com que você se sinta sozinho, que sinta um vazio no seu coração. Não importa o que aconteça, você se sente insatisfeito em relação à vida.

Nossa, por quanto tempo eu me senti assim! Por quanto tempo eu busquei preencher esse vazio do lado de fora, com relacionamentos, compras, trabalho...

Nesse estado de separação, a vida passa a ser uma luta, em que você precisa se esforçar cada vez mais, pois existem muitas cobranças e é preciso se defender.

A mente entra em um estado de tensão, no qual você sente necessidade de estar sempre no controle. Quanto mais você controla, mais energia gasta e mais cansado fica.

É preciso confiar mais, entregar mais....

Como já vimos, quando eu falo "entregar e confiar", não estou falando que agora você não precisa fazer mais nada, não é isso.

Para você entregar algo, precisa ter feito algo. Se você não fez nada, não tem nada para entregar! Sacou?

Você faz o seu melhor naquele momento (lembra que nós falamos do capricho?!), e aí entrega!

Você entrega porque confia no fluxo da vida, e sabe que existe uma inteligência maior, uma força que conecta tudo e todos e faz com que as coisas aconteçam da melhor maneira. Mesmo quando parece que não deu certo, saiba que está tudo certo, sim!

Você abre mão da visão limitada da vida, pelo tempo e espaço, e passa a perceber a vida como uma experiência muito maior.

No próximo capítulo, você vai aprofundar esses conceitos. Ainda vou compartilhar com você uma prática muito especial, que eu acredito ser o antídoto mais poderoso para controlar a ansiedade.

[COMPARAÇÃO]
PALCO x BASTIDOR

Você acredita no seu poder interior?

Você se ama, assim como você é?

Você ama a vida que você tem agora?

É muito importante você responder a essas 3 perguntas. Responda com verdade, sem tentar se enganar, sem responder "sim" porque sua mente racional sabe que essa é a resposta certa.

Eu quero saber o que você sente, e não o que pensa.

Faça uma pausa na leitura, permita-se fazer um momento de "PP" para ouvir o seu coração, a sua essência mais profunda.

Hoje, está cada vez mais fácil cair na armadilha da comparação. O estilo de vida moderno, com o mundo na palma da mão, cada vez mais conectado com tudo o que acontece lá fora, e cada vez mais desconectado do interior, faz com que em muitos momentos, na busca por inspiração, você acabe se perdendo na comparação.

Eu acho incrível os avanços da tecnologia na área da comunicação. É possível seguir pessoas que admiramos e que nos inspiram, saber de seus projetos, receber mensagens e até mesmo ativar uma força extra, em um momento de dúvida, com uma simples postagem que acessamos.

Só que não é isso que acontece na grande maioria das vezes. Existe uma pequena diferença entre inspiração e comparação. Para que você possa se inspirar, precisa saber quem é, precisa estar conectado com o seu interior.

Sem esse estado de conexão interior, de presença, você vai ser uma vítima da comparação e cair na ilusão da vida ascendente.

As redes sociais nos vendem o tempo todo a ideia de que existe uma vida perfeita. Basta você acessar qualquer uma delas para ser bombardeado por imagens e fotos de pessoas impecáveis (retocadas pelo aplicativo) e com uma vida perfeita.

Por mais que sua mente racional saiba que isso não é verdade, o seu subconsciente não compreende dessa forma, ele apenas capta a sensação. Então, a mente começa a acreditar que, para ser feliz, é preciso ser perfeito, que a felicidade é a ausência de problemas.

Aprendemos, desde a infância, que homem não chora, que precisamos ser fortes, que não podemos explodir com pessoas estranhas (só descontar em quem nós já conhecemos, não é mesmo?). Enfim, aprendemos a esconder os nossos sentimentos.

Quando adultos, nos tornamos mestres nisso. Ocultamos tão bem o medo, a mágoa e a angústia, que escondemos até de nós mesmos.

A ilusão da vida ascendente gera uma eterna insatisfação, pois não basta ser bom, precisa ser ótimo. Queremos ter a vida perfeita... E isso é muito, muito cansativo. Chega uma hora que não dá mais!

Você se vê mergulhado em cobranças internas, medo de fracassar, de não ser bom o bastante, tentando agradar todo mundo. E cada vez mais distante de você mesmo, cada dia mais longe da paz interior.

Isso acontece porque a vida não é uma linha ascendente e sim uma onda cheia de altos e baixos. Portanto, a linha ascendente não é natural.

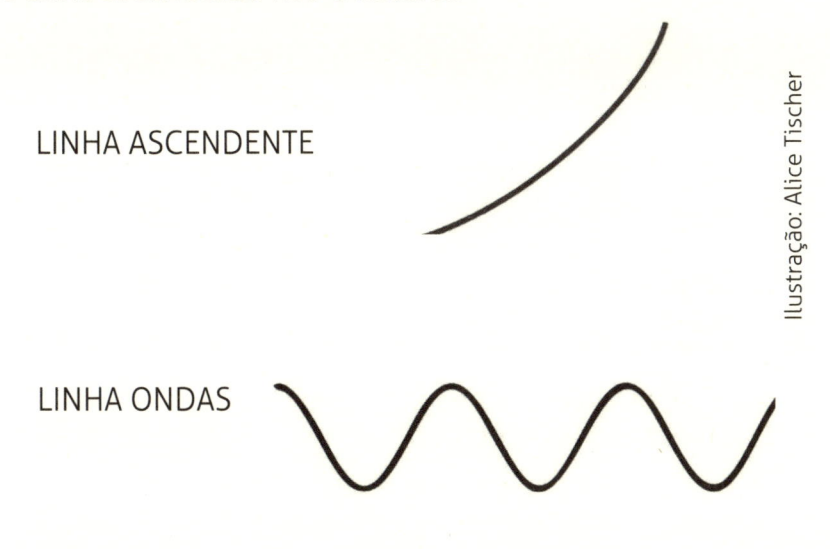

LINHA ASCENDENTE

LINHA ONDAS

Ilustração: Alice Tischer

Você não precisa negar seus sentimentos, não precisa estar bem o tempo todo, não precisa ter uma vida sem nenhum problema.

Chega dessa ilusão!

A sua paz e a sua felicidade não dependem de um casamento perfeito, do emprego dos sonhos e da casa de revista!

Você precisa entender que a vida vai ter momentos de altos e baixos. O importante é saber o que fazer, aprender a lidar com os "momentos baixos", ver o lado bom de cada situação, crescer com a dificuldade, aceitar os sentimentos de medo, mágoa e frustração. Enfim, compreender que você é maior do que todos eles!

Saber que problemas e desafios fazem parte da vida – que eles integram um movimento natural que o mantém conectado com o fluxo da vida e com a sua essência –, permite que você evolua e seja melhor a cada dia.

Geralmente, acontece exatamente assim: você começa a olhar para fora, a ver o que os outros estão fazendo, comendo, vestindo, viajando... Aí começa a comparar o que eles estão postando com o que você está fazendo.

A partir desse instante, uma cascata de emoções e sentimentos são desencadeados: frustração, competição, baixa autoestima, insatisfação, etc. Sempre que você se compara, na verdade está comparando o palco do outro com o seu bastidor, e isso nunca vai ser bom para você.

A comparação faz com que você viva a vida com verdades emprestadas, que não são suas. Já quando você se inspira, há um sentimento de admiração, sem julgamento. Quando se compara, acaba julgando, analisando e tentando se encaixar em um padrão.

É preciso ter coragem de ser original, de ser diferente, de ser quem você é, livre de qualquer comparação.

Parar de comparar é parar de julgar, passar a se aceitar, a se amar e a reconhecer o seu poder interno. E isso só é possível quando você traz a sua mente para o presente, quando você ativa a sua conexão interior.

[DESACELERANDO] CONEXÃO INTERIOR

Uma mente ansiosa não acredita em seu poder interno. Não consegue reconhecer a sua beleza particular, porque está sempre voltada para o exterior, correndo, com pressa e ausente do momento presente.

E há coisas na vida que você só percebe quando desacelera! Você só vê o essencial quando está totalmente presente no momento presente.

O que é real, verdadeiro e importante só é percebido quando você se acalma e volta para o centro do seu coração, quando está conectado interiormente.

A conexão interior é um estado de presença total no aqui e agora, em que você se sente completo e conectado com o fluxo da vida. É um estado de felicidade no qual você sente que a vida é uma experiência de infinitas possibilidades.

Você sente somente amor, sem nenhum julgamento ou expectativa. Você apenas é quem você nasceu para ser. Você simplesmente faz o seu melhor agora e confia que a vida fará o resto. Entende que você merece ser feliz, merece tudo de bom que a vida tem a oferecer. Acredita em você e no fluxo da vida!

Ao se conectar com seu interior, você passa a acreditar, a se sentir merecedor e a fazer o seu melhor. No momento em que ativa essa conexão, tudo flui na sua vida! É como se você fosse um rio em direção ao oceano.

Mas nem por isso você deixará de ter problemas e dificuldades ou nunca mais sentirá medo e tristeza, nada disso. No caminho até o oceano, o rio pode ter passagens estreitas, quedas, curvas sinuosas, subidas e descidas. Pode ficar abundante com tanta chuva ou passar por períodos de seca. Contudo, ele continua firme em direção ao oceano, contornando os obstáculos que surgem, sabendo que tudo passa e que tudo faz parte da jornada.

Porém, só é possível acessar este estado quando se tem maturidade emocional, porque a conexão interior requer autorresponsabilidade. Ser autorresponsável demanda a compreensão de que as mudanças que deseja precisam acontecer dentro de você. Além de saber que o mundo exterior é um reflexo do mundo interior, é entender que os outros são espelhos que revelam o que você muitas vezes não consegue enxergar em si.

A conexão interior exige coragem para entrar em contato com suas fragilidades, se permitir ser vulnerável e revelar quem você é em essência, sem nenhuma máscara.

No seu centro estão o equilíbrio, a harmonia, a força e o poder interior. Ao se voltar para dentro de si, você encontra o seu refúgio, restaura sua força, sua confiança, e se nutre da energia mais poderosa que existe, o AMOR!

Quando você ativa sua conexão interior, não há mais como ser dominado pelo medo, pela insatisfação ou pela ansiedade, porque simplesmente você se blinda contra a verdadeira causa da ansiedade que é a Síndrome da Ausência da Presença.

No momento em que consegue estar totalmente no presente, não existe preocupação com o futuro ou peso em relação ao passado.

Para chegar lá, é preciso desacelerar, limpar a mente e abrir o coração. Mas não existe uma fórmula mágica. Tudo é uma questão de aprendizado e treino. Você precisa entender que acessar esse estado demanda tempo para aprender, além de treino para mantê-lo.

NÍVEIS DE CONEXÃO INTERIOR

Nesta jornada, você verá que existem diferentes níveis de conexão interior. Pode ser algo passageiro, que dura apenas alguns minutos, pode permanecer por algumas horas até que surja uma dificuldade, mas também pode ser um estado permanente.

Depende de você! A intensidade e a duração estão sujeitas ao seu comportamento e às suas práticas. Tudo começa nas pequenas escolhas que você faz diariamente, como aplicar o Momento "PP", por exemplo.

Os seus hábitos influenciam diretamente o seu nível de conexão. Sim, existem muitos fatores que você deve levar em conta para se manter conectado com seu interior. Desde a escolha dos alimentos, passando pelos cuidados com o ambiente em que você vive e até mesmo a meditação que faz com regularidade. (E vamos falar mais sobre isso no próximo capítulo).

Por isso, a conexão interior pode e deve ser um estilo de vida. E a prática meditativa é a forma mais poderosa que eu conheço para ativar esse estado. Tanto é que o meu primeiro livro, *Meditar Transforma*, dedicado exclusivamente a desmistificar a meditação, tornou-se *best-seller* da Revista Veja apenas nove meses depois de lançado.

Quero muito ajudar você a estabelecer essa conexão. Na parte final deste capítulo, eu vou compartilhar uma meditação (que também estará disponível em áudio) para que você possa começar a acessar o seu centro.

Recomendo que você pratique a meditação hoje, amanhã e depois, porque ela permite que você se desconecte do mundo exterior e se conecte com o seu mundo interior. Lembre-se: quanto mais você faz, mais benefícios você tem. A meditação limpa a sua mente, traz clareza, presença e ativa a sua conexão interior de forma simples e profunda.

Sempre que sentir ansiedade, medo, insatisfação, quando estiver sobrecarregado, esgotado, ou a vida parecer difícil demais, você pode acessar um lugar de paz e serenidade dentro de si mesmo por meio da sua conexão interior.

Não importa o tamanho dos desafios, mas o seu poder frente a eles.

Você precisa entender que é possível sentir paz dentro de si mesmo quando tudo está difícil do lado de fora. Estabelecer essa conexão interna é que vai fazer você assumir definitivamente o controle da sua mente.

Porém, assim como tudo na vida, ativar a conexão interior demanda treino. Como já vimos, quanto mais você praticar, mais fácil será acessar esse estado.

Por essa razão, volto a falar da importância de você fazer os exercícios que estou compartilhando aqui, incorporá-los a sua rotina, porque é o que vai fazer você dar um *stop* na ansiedade.

Lembre-se de fazer o Momento "PP", a Respiração da Abelha, a Afirmação de Poder do Perdão, a Água Solarizada Azul. Não existe mágica, você precisa agir em direção à mudança que deseja ter na sua vida.

O PODER DA GENTILEZA

Em uma das minhas recentes viagens, fui ao café do hotel para pedir água quente. A atendente prontamente pegou a minha garrafa térmica e começou a completá-la de água, usando uma máquina de café.

Enquanto eu esperava, ela começou a ficar impaciente e comentou: "Como está demorando, parece que não enche nunca, essa máquina é muito lenta".

Eu sorri e falei: "Será que a máquina está lenta ou somos nós que estamos muito acelerados?"

A atendente captou a mensagem na hora e começou a rir. Continuamos a conversa e ela me contou que estava sempre com pressa, parecia que as outras pessoas eram muito lentas, e o quanto havia sido grosseira naquele dia com o cobrador do ônibus que demorou para lhe dar o troco. Ela disse: "Depois fiquei com vergonha, era como se eu fosse um trator".

Você também já se sentiu assim?

Pois é isso o que acontece quando estamos ansiosos. A ansiedade gera um estado de aceleração interna, que faz com que o ser humano esqueça de ser gentil.

Infelizmente, com o ritmo de vida acelerado que levamos, o corre-corre para tentarmos dar conta de tudo, o excesso de informações e compromissos, acabamos nos afastando da gentileza.

Ser gentil não é apenas ser educado. Vai muito além de dizer "bom dia" para o vizinho ou ceder o seu lugar para uma pessoa mais velha sentar... É claro que isso é importante, mas não é gentileza, apenas educação.

Ser gentil não é fazer tudo o que os outros querem ou tentar agradar o tempo todo, mas sim estar presente, enxergar o outro, perceber além das aparências.

Gentileza é uma expressão do amor e da bondade. Significa se importar, de verdade. Envolve carinho, cuidado e atenção.

Posso compartilhar uma história com você? É real, sempre que eu me lembro dela me emociono e reforço a energia do amor.

Essa história não é minha, mas do amado professor Hermógenes, um dos pioneiros do Yoga no Brasil, que eu tive o privilégio de conhecer pessoalmente.

O professor Hermógenes, já em idade avançada, com seus mais de 80 anos, estava no aeroporto e foi comprar um lanche em um restaurante.

Ele esperou na fila e, quando chegou sua vez de fazer o pedido, demorou um pouco para escolher. Com pressa, a atendente perguntou de forma grosseira: "O senhor já sabe o que vai querer?"

Com seu jeito calmo, sereno e transbordante de amor, o professor Hermógenes respondeu: "Sim, eu quero que você seja feliz!"

Nossa, eu me emociono ao escrever essa passagem, isso toca profundamente o meu coração.

Esta é a expressão maior da gentileza: entender o outro, enxergar quando alguém está sofrendo e conseguir desejar amor ao próximo sem nenhum julgamento ou expectativa.

> E você, é gentil consigo mesmo?
> É gentil com as pessoas ao seu redor?
> É gentil nos seus relacionamentos?

Você já deve ter ouvido aquela frase: "Gentileza gera gentileza", não é mesmo?!

Essa afirmação é a mais pura verdade.

A vida sempre nos manda mais daquilo que pensamos e sentimos. Quanto mais gentil você for, mais gentileza vai receber de volta!

Do mesmo modo, quanto mais crítico você for, mais crítica vai receber de volta!

É a Lei da Ação e Reação, simples assim.

A crítica, a cobrança e a reclamação afastam você da gentileza.

Uma das coisas que mais me fazia sofrer, quando eu estava presa ao Ciclo da Ansiedade Emocional, era a cobrança. Eu não praticava a gentileza comigo mesma, vivia tentando agradar todo mundo, buscava ser perfeita, queria ser aceita... Eu sofria muito com a cobrança, principalmente a autocobrança.

Nossa, e isso realmente acabava comigo, roubava toda minha energia. Eu não conseguia expressar quem eu realmente era.

Por muito tempo, acreditei que a cobrança que eu sentia vinha de fora, dos outros. É muito mais fácil achar um culpado para a cobrança, ser uma vítima, do que assumir a própria responsabilidade.

Se existe cobrança ou crítica é porque há separação, ou seja, você se desconectou da sua essência e se afastou da energia do amor.

No fundo, no fundo, toda forma de cobrança e crítica é um pedido de amor. E o antídoto mais poderoso para sair desse ciclo é a gentileza.

Ser gentil é se permitir ter coragem de ser quem você é, com toda sua luz e toda sua sombra. Sem ter medo de não agradar, de ser criticado (pelos outros e por você mesmo!).

Gentileza é reconhecer que você é uma extensão da força criadora da vida, é admitir que o outro também é.

Ser gentil é sair do "eu" e do "meu", conectar-se com o ser, abrir-se para a vida e para a energia do amor.

E você, quer cultivar a gentileza?

Se quiser, na parte final do capítulo, poderá descobrir o desafio que eu preparei para você.

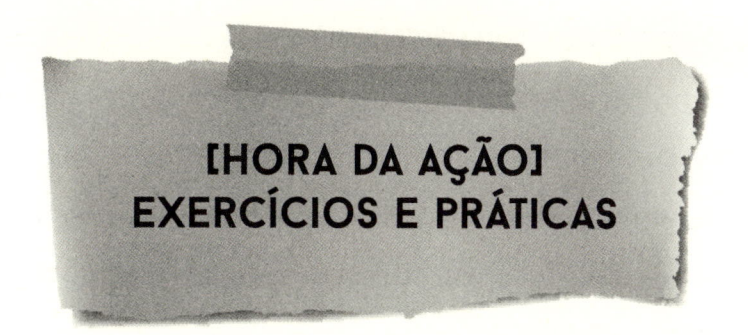

[HORA DA AÇÃO] EXERCÍCIOS E PRÁTICAS

PARE DE RECLAMAR E CONCENTRE-SE NAS COISAS BOAS

Este exercício é para você começar a ter consciência da conversa mental que sua mente faz o tempo todo, perceber condicionamentos mentais e circuitos emocionais reativos negativos que estão atuando de forma silenciosa e sabotando sua busca por paz e serenidade.

Para preparar esta prática, eu me inspirei no livro *Pare de Reclamar e Concentre-se nas Coisas Boas*, de Will Bowen. Você vai ver que é simples, e os resultados são incríveis. Os meus alunos amam.

Você se lembra que falamos que a sua mente é como um rádio? Pois a crítica, a cobrança e a reclamação prendem sua mente ao ciclo da ansiedade emocional, baixam sua energia e fazem com que você atraia cada vez mais coisas negativas para sua vida.

Só que, muitas vezes, não nos damos conta que estamos reclamando. Todo mundo reclama, e isso já é tão automático que nem percebemos.

Agora, neste exercício, você vai se comprometer a vigiar a sua mente!

Durante os próximos 7 dias, pelo menos, você vai focar a sua atenção em perceber qualquer crítica, cobrança ou reclamação.

Se você quiser fazer por um período maior, ótimo. Quanto mais você fizer, mais resultados terá!

O exercício é assim:

1. Você vai usar uma pulseirinha ou borrachinha em seu braço, que será a sua âncora.

2. Sempre que reclamar, criticar ou cobrar, você vai trocar a pulseirinha de braço. Seja reclamação verbal, seja mental. Sim! Mesmo que você não tenha falado. Se passou pela sua cabeça, está valendo.

3. O objetivo é conseguir ficar um dia inteirinho com a pulseira no braço, sem trocar nenhuma vez.

No começo, você vai ver, haverá muitas trocas. Mas, à medida que vai ficando presente e atento, isso vai começar a diminuir.

Assim, você passará a ter mais controle sobre seus pensamentos, terá mais clareza sobre as situações, se sentirá mais calmo e com mais energia.

É interessante convidar alguém para fazer junto com você. Pode ser a sua esposa, o seu marido, o seu filho, um amigo ou colega de trabalho, alguém que faça parte do seu dia a dia.

É muito importante ter alguém como aliado. E sabe por qual motivo? Porque, muitas vezes, nós reclamamos, criticamos e não percebemos. Dessa forma, essa pessoa vai ajudá-lo a perceber o seu comportamento (principalmente no início).

Já aconteceu comigo. Mesmo comprometida com este exercício, sem notar, eu falei alguma coisa negativa. Então, eu pude contar com o meu marido, que me avisou para trocar a pulseirinha na hora. É muito bom, você vai ganhando consciência sobre a conversa interna que existe na sua mente.

MEDITAÇÃO DO BALÃO

Esta prática está disponível para você em áudio, acesse: **www.stopansiedade.com.br**.

Você só precisa sentar de forma confortável, fechar os olhos e se permitir ser guiado pela meditação.

Não se preocupe se você não visualizar claramente, isso é normal. Apenas acredite. Ouça com o coração aberto, sem julgar com a mente racional.

Esta prática traz muitos benefícios:

✓ Limpa memórias de dor e sofrimento do passado.

✓ Ajuda a encerrar ciclos e abrir espaço para o novo.

✓ Conecta você com a sua essência e o alinha com seu propósito de vida.

Sentado de forma confortável, coluna reta,
ombros relaxados, braços soltos ao lado do corpo.

Deixe os olhos fechados, o rosto
sem tensão, totalmente relaxado.

Respire profundamente, leve o ar para a barriga.
Faça algumas respirações mais profundas.
Depois, não interfira mais na respiração,
deixe o ar entrar e sair de forma natural.

Volte-se para dentro de você.
Conecte-se com o seu coração.

Imagine, visualize ou simplesmente acredite que neste momento você está dentro de um grande balão. E esse balão não sai do chão, pois é muito pesado. Há vários saquinhos de areia prendendo esse balão, e cada um deles representa uma lembrança de dor do seu passado.

Essas memórias o prendem, o amarram, impedem
que você evolua e viva a sua missão,
que você seja quem nasceu para ser.

[Pequena pausa de reflexão: 15 a 30 segundos]

Agora imagine, sinta e acredite que neste momento você começa a soltar cada um desses saquinhos.

Você vai se lembrando de cada situação de dor
e de sofrimento que já viveu, de cada vez que se
sentiu vítima, de cada ocasião que você se culpou.
Lembre-se das mágoas, raivas, frustrações...
E vá soltando, soltando, soltando cada uma delas.
Permita-se. Acredite que é capaz!
Algumas lembranças são mais pesadas, e você
precisará de uma força maior. Mas as outras
você conseguirá soltar com facilidade.
À medida que você vai soltando,
o seu balão vai levantando voo.
Ele vai subindo, subindo, subindo...

[Pequena pausa de reflexão: 15 a 30 segundos]

Neste momento, você está voando livremente.
Sem peso, culpas, mágoas ou cobranças. Você está
navegando em um céu azul, em direção ao infinito.
Só o céu, o sol, as nuvens e você consigo mesmo.
Sinta a sua luz.
Não existem limites para você sonhar. Não há
obstáculos para o que quer realizar. Acredite que
você merece tudo de bom, que merece ser feliz,
que merece realizar cada um dos seus sonhos.

> Acredite no seu poder interior, na sua força!
> A vida é uma experiência
> de infinitas possibilidades...
> *[Pausa de Conexão Interior: 1 a 5 minutos]*
> E agora, aos pouquinhos, retorne. Abra os olhos, volte devagar. Aproveite esta energia, agradeça por esta limpeza, seja grato por esta conexão.

Antes de continuar a leitura, é muito importante você fazer a meditação, porque ela vai ajudá-lo a ativar o poder de transformação, permitindo acessar seu subconsciente e elevar sua energia.

Recomendo que você faça esta meditação por no mínimo 7 dias. Medite uma vez ao dia, pelos próximos 7 dias. Posso contar com você? Você está comprometido?

[DESAFIO]
EXERCITANDO A GENTILEZA

A gentileza pode ser um ato automático, que brota naturalmente da sua essência, mas também pode ser um ato planejado. Este exercício é para cultivar a gentileza no seu coração.

Um estado de calma e serenidade é conquistado com pequenas ações. Hoje, amanhã e depois, pequenas mudanças que você vai promovendo no seu dia a dia vão transformando seu estado interior.

Que tal começar esse processo agora mesmo?

Escreva aqui o nome de 7 pessoas importantes para você:

_____
_____
_____
_____
_____
_____
_____

✓ Nos próximos 7 dias, fale com essas pessoas.

✓ Uma a cada dia, agradeça por elas fazerem parte da sua vida.

✓ Diga o quanto elas são importantes para você.

✓ Agradeça por uma característica específica de cada uma delas. Faça esse agradecimento de coração.

✓ Você pode falar pessoalmente, telefonar ou enviar uma mensagem de áudio. Mas precisa ser verbal, não vale escrever.

✓ Coragem! Você vai se surpreender com os resultados. A outra pessoa vai se sentir bem e você vai se sentir melhor ainda.

[REVISÃO]
O QUE VOCÊ APRENDEU ATÉ AGORA

Neste capítulo, qual mensagem mais tocou seu coração?

_____
_____
_____
_____
_____

Agora, com tudo o que aprendeu, o que você vai fazer diferente na sua vida? Quais são as mudanças que você está comprometido a fazer agora?

_____
_____
_____
_____
_____

Faça um plano de ação: quais são os exercícios e práticas que você vai implementar na sua rotina. Organize os seus próximos dias listando como vai fazer para colocar em prática os exercícios:

_____
_____
_____
_____
_____
_____
_____

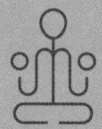

PASSO 4
Realizar

Até agora você fez um mergulho dentro de si, descobriu condicionamentos mentais, circuitos emocionais reativos, limpou sua mente, ativou sua conexão interior. Você trabalhou internamente.

No 4º passo, você sairá do seu interior para chegar ao exterior. Você reassumirá o seu poder por meio de pequenas escolhas. Você verá que, quando você muda, o mundo muda. Você sentirá isso na prática.

Você retomará o seu poder de criar a sua realidade. Com clareza e foco, deixará de perder tempo e energia com problemas que não são seus e passará a um nível de conexão interna ainda mais profundo.

O PODER DAS ESCOLHAS

Quando você acalma a sua mente, livra-se dos condicionamentos mentais e circuitos emocionais reativos do passado e conecta-se com sua verdadeira essência. Você ativa o poder de escolher a vida que quer ter.

A mente presa ao Ciclo da Ansiedade Emocional simplesmente reage às situações da vida. Mesmo quando acredita estar escolhendo, na verdade, não está. A mente ansiosa não consegue ter espaço para escolher.

Quando você está ausente do momento presente, preocupado com o futuro ou remoendo o passado, abre mão do seu poder de escolha, porque você só pode escolher no agora. Sem presença, o ser humano é como um autômato, um escravo do piloto-automático.

O poder de escolher não está em uma grande decisão que você terá que tomar em um determinado momento da sua vida, mas sim nas pequenas escolhas que faz o tempo todo.

Você pode escolher continuar lendo este livro ou parar por aqui. Você pode escolher praticar todos os exercícios ou simplesmente não fazer nenhum. Cada uma dessas escolhas vai gerar resultados diferentes.

"Não é o que fazemos de vez em quando que molda nossa vida, e sim o que fazemos sistematicamente", como explica Anthony Robbins em seu livro *Desperte Seu Gigante Interior*.

Uma mente ansiosa tem mania de grandeza. É tudo ou nada. Ela não consegue entender a importância das pequenas coisas, não consegue enxergar os detalhes da vida. A mente ansiosa só consegue perceber a vida de forma limitada a curto prazo.

Por isso, é importante que você fique atento às pequenas escolhas e valorize cada minuto de vida que possui.

A vida é um fluxo de energia dinâmico, existe troca o tempo todo, você ganha ou perde energia a cada pensamento, sentimento e ação, a cada escolha que faz.

Você é o seu próprio gerador de energia.

Pense na sua vida como a sua conta bancária. Você pode fazer depósitos e saques, e no final vai ter um saldo que vai ser positivo ou negativo, conforme suas escolhas.

Há um exercício que faço com os meus alunos, em que revelo 3 hábitos que geram ansiedade, que atuam como verdadeiros vilões da ansiedade. Eu vou compartilhá-lo com você no final do capítulo. Assim você poderá escolher diferente.

Mas você precisa entender que não há como mudar o saldo da sua conta bancária tentando mexer apenas no saldo. Você só conseguirá alterá-lo quando mudar os depósitos ou os saques da sua conta.

Lembra que eu expliquei que ansiedade não é causa, e sim consequência?

Tendo clareza de todos esses aspectos, você pode escolher diferente. Afinal você não é obrigado a continuar escolhendo da mesma forma para sempre. Se quiser, você pode tomar decisões diferentes agora mesmo.

Para controlar a ansiedade, é preciso se comprometer a fazer mudanças internas e externas, mesmo que isso seja desconfortável para você neste momento. Lembre-se do seu "Por quê", por qual motivo você deseja dar um *stop* na ansiedade. Lembre-se da vida ideal que você descreveu no primeiro passo.

A vida é regida por leis naturais, que mantêm o funcionamento de tudo. Uma dessas leis, resumidamente, diz que toda ação produz uma reação de mesma intensidade e direção, porém, de sentidos opostos. Trata-se da Lei de Ação e Reação.

Portanto, se você quiser mudar o resultado, precisa mudar a ação original. Para mudar a sua vida, você precisa escolher diferente.

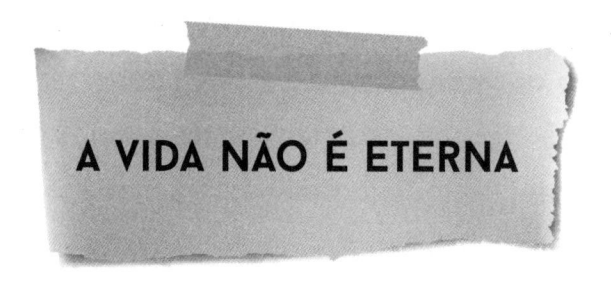

A VIDA NÃO É ETERNA

Quando você está com a mente presa ao Ciclo da Ansiedade Emocional, não consegue perceber a realidade, não enxerga a vida como ela realmente é.

A mente ansiosa não consegue estar aqui e agora no momento presente e acaba passando pela vida sem ter vivido verdadeiramente.

Ao ficar ausente do momento presente (Síndrome da Ausência da Presença), a mente vive em um mundo de projeções, sem conseguir ser feliz agora.

Você já deve ter ouvido aquela frase que diz: "A vida é o caminho, e não uma linha de chegada", não é mesmo? Pois saiba que uma mente ansiosa não consegue compreender isso. Pode até entender em um nível lógico, mas não consegue sentir isso na prática.

A mente ansiosa está sempre querendo chegar a algum lugar. Algo precisa acontecer para ela se permitir ser feliz, para depois aproveitar e relaxar. Mas, quando chega naquele lugar, ela cria um novo objetivo a ser alcançado.

A busca nunca tem fim, pois ela vive presa à **armadilha do quando**: "Quando eu me aposentar", "Quando eu tirar férias", "Quando eu mudar de emprego", "Quando as coisas melhorarem"... No fundo, no fundo, a mente ansiosa é uma mente insatisfeita.

Não há nada de errado em ter metas e planejar o futuro, não é isso que eu estou falando. Você deve ter metas e planejar o que deseja, afinal, como diz nosso amigo gato, da história de Alice no País das Maravilhas: "Para quem não sabe onde vai qualquer caminho serve".

Você deve olhar para o futuro com os pés no presente, esse é o segredo.

Não espere tudo estar perfeito para mudar ou fazer o que você deseja, faça o que precisa ser feito hoje. Escolha ser feliz hoje.

> **Você só tem o presente, você só tem o agora.**

Existem algumas coisas que eu e você não temos como controlar, a vida é uma delas. De repente, *puft*, a vida acaba.

Quantas vezes ficamos chocados com um amigo, um familiar, alguém querido que se vai de uma forma repentina ou que recebe um diagnóstico ruim.

Não estou desejando nada de ruim para você, eu só quero abrir os seus olhos, porque a ansiedade nos faz acreditar que a vida é eterna.

Não deixe para ser feliz amanhã, escolha ser feliz hoje.

A felicidade não depende de nada externo, a felicidade é interior. Mesmo quando tudo está difícil do lado de fora, quando existe medo ou ficamos tristes com algum acontecimento, é possível ser feliz.

O medo, a tristeza e a raiva são como nuvens no céu. Tudo isso passa. Em alguns momentos, o céu fica limpinho, sem nenhuma nuvem, e você é só felicidade. Em outras ocasiões, existem tantas nuvens que é quase impossível enxergar o céu, mas você e eu sabemos que ele continua lá.

Mantenha sua conexão interior, volte ao seu centro e viva o presente.

> **A felicidade e o amor são sua verdadeira natureza.**

"Entrego, Confio, Aceito e Agradeço". Essa frase eu aprendi com o amado professor Hermógenes, e ela me ajudou muito a manter a conexão com o momento presente.

Comecei a repeti-la como um mantra durante o meu dia, a usá-la em minhas meditações. E quero compartilhar esse presente com você!

Na parte de exercícios, você vai encontrar uma prática com essa afirmação. Quando você acreditar que existe um problema sem solução, repita: "Entrego, confio, aceito e agradeço". Repita mentalmente com tanta força, de forma que essas palavras inundem a sua mente e o seu coração.

Eu sei que é uma frase fácil na teoria, mas desafiadora na prática. Faça a sua parte, dê o seu melhor e entregue, desapegando-se dos resultados.

Confie na inteligência do Universo e aceite a sua realidade, ame sua vida como ela é e agradeça o que você tem hoje. A gratidão vai elevar sua vibração e ativar um fluxo de bênçãos em sua vida.

[FOCO] O MEU, O SEU E O DE DEUS

Uma mente ansiosa está sempre ocupada. A ansiedade faz a mente ficar perdida em excessos de pensamentos, preocupações e medos. Sabe aquela pessoa que fala demais?

A pessoa chega na sua casa e fala o tempo todo. Quando alguns minutos de silêncio acontecem, ou melhor, segundos, ela não dá espaço, porque não consegue conviver com a ausência completa de som ou ruído. O silêncio é desconfortável para ela. Então, essa pessoa fala sobre qualquer coisa, do tempo, das notícias ou da vida dos outros.

A mente ansiosa é exatamente assim: *fala demais!* Mesmo descontrolada, ela tenta manter o controle o tempo todo. Comporta-se como um macaco doido que pula de galho em galho. Viaja no tempo, do passado ao futuro, em questão de segundos. Cria diálogos internos intermináveis.

A natureza da mente é pensar. Por isso, acreditar que, em algum momento, ela vai ficar sem nenhum pensamento é um grande mito. Muitas pessoas me falam: "Amanda, eu não consigo meditar porque não consigo ficar sem pensar".

No meu livro *Meditar Transforma* eu explico esse e outros mitos que impedem as pessoas de meditar e de tentar fazer algo por elas mesmas.

O que precisa ser feito é acalmar a mente, trazê-la para o presente e manter o foco no que é real.

A mente ansiosa perdeu o foco, não sabe mais o que é importante e o que não é.

Há alguns anos, eu tive acesso a um conhecimento que mudou a minha forma de pensar, que modificou a minha forma de sentir, que transformou a minha forma de viver. O que eu aprendi, e que vou compartilhar com você agora, deixou a minha vida mais leve. Eu consegui focar minha energia no que realmente importa, e consegui atingir um nível mais profundo de entrega. Sou tão grata por ter aprendido isso com o *The Work*, da Byron Katie. Sempre que tenho oportunidade, compartilho esses ensinamentos.

Você está preparado?

Quando aplicar esse filtro na sua mente, os seus relacionamentos vão melhorar. Você terá mais clareza interior, mais tempo, conseguirá confiar mais na vida e manter por um tempo maior a sua conexão interior.

Na vida existem basicamente 3 assuntos: **os Meus, os Seus e os de Deus** (não importa o nome pelo qual você reconheça: Deus, Força Criadora do Universo, Realidade, Fluxo da Vida, Inteligência Superior).

Os "Meus Assuntos" estão ligados à sua própria vida: "Eu preciso aplicar os exercícios do livro", "Eu preciso beber mais água", e assim por diante.

Os "Seus Assuntos" dizem respeito à vida das outras pessoas. É quando você está preocupado com as outras pessoas: "Minha mãe precisa ler este livro", "Meu marido deveria ser mais compreensivo", etc.

Mesmo que sua mente justifique que é por amor ou porque você deseja o melhor para aquela pessoa, isso não é assunto seu. É arrogância acreditar que nós sabemos o que é melhor para o outro.

Já os assuntos de "Deus" são tudo o que você não pode controlar. Você não tem o controle sobre o tempo, as catástrofes naturais, o ato de nascer ou de morrer. Sempre que sua mente estiver preocupada com esses temas, está envolvida com assuntos de Deus.

Você precisa manter sua mente focada nos seus assuntos, e isso não é ser egoísta, nada disso. Os seus assuntos são os únicos que permitem a você manter a conexão interior.

Sempre que você sai dos seus temas, cria ansiedade, estresse e frustração. Você se desconecta da realidade.

Se você está com a mente ocupada com os assuntos das outras pessoas, quem está cuidando da sua vida?

Se não está vivendo a sua vida, você está separado de si mesmo. E, como você já viu nos capítulos anteriores, quando está separado, você julga tudo o que acontece e se afasta do amor.

Sempre que você ficar ansioso, com medo ou frustrado, pergunte-se: "onde eu estou?"

Se a resposta não for "você", traga a mente de volta para você, de volta para o presente.

E, se mesmo assim, a ansiedade e o medo insistirem em dominá-lo, pergunte-se: "o que eu posso fazer para resolver isso?"

Quando você sabe o que fazer, não existe mais razão para ficar preocupado. Já quando não há o que fazer, você sabe que aquele não é um assunto seu, ou seja, também não existe motivo para preocupação.

Você se sentirá muito mais livre depois que começar a aplicar essas perguntas no seu dia a dia.

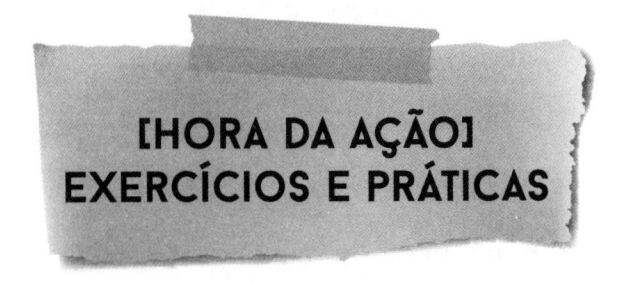

[HORA DA AÇÃO] EXERCÍCIOS E PRÁTICAS

[VILÕES] 3 HÁBITOS DA ANSIEDADE

Como você já viu, as pequenas escolhas determinam o seu nível de energia.

Quando você escolhe parar e fazer um momento "PP", está fazendo um depósito na sua conta da serenidade, escolhendo algo positivo para sua vida.

Já se escolhe ficar com a mente preocupada com o futuro, pensando no que precisa fazer ("Tenho que fazer isso, tenho que fazer aquilo"), está fazendo um saque na conta da serenidade, permitindo que a mente ansiosa domine a sua vida.

Neste exercício, vou compartilhar com você 3 ações práticas que atuam como saques de serenidade. Esses 3 hábitos são verdadeiros vilões da ansiedade. Você deve refletir e identificar o quanto pratica essas ações no seu dia a dia.

Lembrando que a verdadeira causa da ansiedade é a dificuldade em estar presente no aqui e agora, conectado com o momento presente.

1. EXCESSO DE INFORMAÇÕES E REDES SOCIAIS

Hoje, com o mundo literalmente na palma da mão, é preciso estar atento para não exagerar no excesso de informações. Submeter a mente a uma quantidade enorme de dados, fatos, conceitos, instruções e conhecimentos gera ansiedade e cansaço mental.

Será que você precisa mesmo assistir a tanta televisão? Olhar tanto site de notícias? Será que você precisa mesmo bombardear sua mente com tanta notícia ruim?

Atualmente, além dos programas de televisão, há a internet. Começa assim, você só vai dar uma espiadinha em alguma rede social, mas logo entra em um site de notícia ou de entretenimento, depois responde às mensagens no grupo da família, dos amigos ou do trabalho. Quando se dá conta, você ficou mais horas do que tinha planejado. No final do dia, se somar o seu tempo total conectado às redes, você se surpreenderá.

O problema é que sua mente não está presente quando você está dando aquela olhadinha no celular. Na maioria das vezes, sua mente não fica presente na sua vida, mas viajando na vida das outras pessoas.

E, se você não está presente para a sua vida agora, quem vai estar no comando? Os condicionamentos mentais e os circuitos emocionais reativos. Cuidado!

Use suas folgas para respirar, fazer o seu "PP", olhar para as pessoas reais que estão à sua volta, esteja presente no momento presente.

De zero a dez, o quanto este hábito está presente na sua vida? _____

2. COMER ASSISTINDO À TELEVISÃO OU OLHANDO O CELULAR

É cada vez mais comum fazer as refeições mexendo na tela do celular ou assistindo à televisão.

Quando você faz isso, mais uma vez, está se desconectando do momento presente.

O ser humano não foi programado para fazer duas coisas ao mesmo tempo. Na hora das refeições, fique apenas comendo, saboreando a comida.

Se está presente enquanto come, você conseguirá mastigar melhor, digerir com mais facilidade, aproveitar mais os nutrientes e precisar de uma quantidade menor de alimento.

Você terá a capacidade de diferenciar o que é fome de verdade, aquela do corpo, e o que é fome emocional.

De zero a dez, o quanto este hábito está presente na sua vida? _____

3. CELULAR OU TELEVISÃO ANTES DE DORMIR

A mente ansiosa tem dificuldade de relaxar. Por isso, é muito comum as pessoas ansiosas demorarem mais a pegar no sono.

Para conseguir desligar a mente, elas apelam para o celular ou a televisão. Aí acabam levando o celular junto para cama ou ficam ali "zapeando" nos canais de TV até estarem completamente exaustas mentalmente. É dessa forma que essas pessoas acabam adormecendo.

Só que isso não resolve. Pelo contrário, só agrava a ansiedade. Elas não pegam no sono porque relaxaram, mas porque levaram suas mentes ao limite da exaustão.

Minha sugestão é que, antes de dormir, você fique 30 minutos sem celular e sem televisão. Use esse tempo para se preparar para o sono. Respire, medite, faça afirmações positivas, orações, tome nota do que precisa ser feito no próximo dia. Crie o seu ritual da noite.

Você sentirá uma grande melhora na qualidade do seu sono e conseguirá acordar descansado, revigorado e cheio de energia.

✓ De zero a dez, o quanto este hábito está presente na sua vida? _____

✓ O que você pode melhorar a partir de agora? Quais mudanças você se compromete a fazer?

_____

_____

_____

_____

Agora você não tem mais desculpa. Não há como falar que você não sabia. A questão é o quanto você está comprometido em controlar a ansiedade. Você pode e deve fazer novas escolhas.

[MEDITAÇÃO] ENTREGO, CONFIO, ACEITO E AGRADEÇO

Como contei antes para você, há uma frase que se tornou um mantra para mim: "Entrego, Confio, Aceito e Agradeço".

Ela é da psicoterapeuta londrina Phyllis Krystal, mas eu a conheci através do amado professor Hemógenes, um dos pioneiros do Yoga no Brasil.

Simples e profunda, se você conseguir aplicá-la em cada minuto, em cada situação, tenho certeza que sua vida será muito mais leve, mais feliz e mais positiva.

Faça uma meditação e repita: "Entrego, confio, aceito e agradeço". Na hora do banho, repita: "Entrego, confio, aceito e agradeço". Antes de dormir, repita: "Entrego, confio, aceito e agradeço".

Não importa o que aconteça, repita mentalmente: **"Entrego, confio, aceito e agradeço"**!

No link **www.stopansiedade.com.br**, eu compartilhei uma meditação com essa frase. Acesse o áudio lá na página especial do livro.

Apenas sente-se de forma confortável, feche os olhos e se permita ser guiado pela meditação.

Sentado de forma confortável, coluna reta, ombros relaxados, braços soltos ao lado do corpo. Mantenha os olhos fechados, o rosto relaxado e sem tensão.

Respire profundamente, leve o ar para a barriga, faça algumas respirações mais profundas. Depois, não interfira mais na respiração, deixe o ar entrar e sair de forma natural. Volte-se para dentro de si, conecte-se com o seu coração.

Entrego todos os meus pensamentos, palavras e ações. Sei que não sou perfeito, mas tudo o que eu faço, eu faço com amor. Tudo o que eu faço é o melhor que tenho no momento atual.

Entrego toda e qualquer expectativa, toda e qualquer dúvida, todo e qualquer medo. Entrego todos os meus esforços...

Confio no fluxo da vida, confio nos ciclos da vida. Sei que tudo está certo, que tudo está bem.

Sei que minha mente limitada não consegue imaginar as infinitas possibilidades que o Universo tem.

Por isso, confio e sei que o que é meu sempre chegará até mim. Confio na minha intuição, confio na minha conexão. Aceito a vida como ela é agora. Aceito a mim mesmo como eu sou, aceito as pessoas como elas são.

Sei que cada um de nós dá o seu melhor para a vida, dentro de suas capacidades e limitações, na busca por ser feliz.

Aceito tudo aquilo que eu não posso mudar e busco sabedoria para mudar tudo aquilo que não posso aceitar. Aceito todos os resultados.

Agradeço por tudo aquilo que tenho, sem dar importância alguma ao que me falta. Agradeço porque respiro. Agradeço porque me sinto pleno.

Agradeço pelo momento presente. Agradeço por estar no aqui e agora. Agradeço porque tudo que existe em mim é apenas amor.

[Pausa de Conexão Interior: 1 a 5 minutos]

Agora, aos pouquinhos, vá respirando, abrindo os olhos, voltando devagar... Aproveite essa energia, agradeça por essa conexão.

E aí, gostou da prática de meditação?

Recomendo que você faça esta meditação por no mínimo 7 dias. Faça esta meditação uma vez ao dia, pelos próximos 7 dias. Quanto mais você fizer, melhor. Mais resultados e benefícios você terá.

> **[REVISÃO]**
> **O QUE VOCÊ APRENDEU ATÉ AGORA**
>
> **Qual é a mensagem que mais tocou seu coração neste capítulo?**
>
> _____
> _____
> _____
> _____
>
> **Agora, com o que você aprendeu, o que você vai fazer diferente na sua vida? Quais são as mudanças que você está comprometido a fazer agora?**

_____
_____
_____
_____
_____

Faça um plano de ação: quais são os exercícios que você vai implementar na sua rotina. Organize seus próximos dias listando como vai fazer para colocar em prática os exercícios:

_____
_____
_____
_____
_____
_____
_____
_____

Aproveite para acessar seus presentes on-line em:
www.stopansiedade.com.br

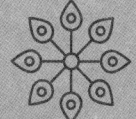

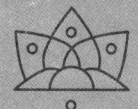

PASSO 5
Agradecer

Estou compartilhando neste livro a essência de mais de uma década de estudos e práticas para ajudar você a dar um *stop* na sua ansiedade.

Os 5 passos do Método CLARA são o seu mapa do Caminho da Serenidade, e este último passo que vou compartilhar com você é o que lhe dará força para manter a sua mente em um estado de serenidade, mesmo nos momentos difíceis.

A vida é um privilégio, uma oportunidade rara, e o seu futuro depende do seu agora. A gratidão é a energia que vai lhe dar força para superar os desafios e acessar uma vida de infinitas possibilidades.

Este último passo é muito simples, mas essencial para manter tudo o que você conquistou até aqui.

[PRIVILÉGIO] A VIDA É UMA OPORTUNIDADE

Todo ser humano está em busca da felicidade. Eu, você, todos nós, no fundo, queremos ser felizes. E, nessa busca pela felicidade, muitas vezes nos perdemos no meio do caminho. Acabamos nos esforçando cada vez mais e fazendo cada vez mais coisas. Planejamos, traçamos novas metas, ficamos cansados e ansiosos por não conseguir sentir a tal felicidade.

A Síndrome da Ausência da Presença cobra o seu preço: rouba a sua chance de ser feliz! Sim! Quando você não consegue viver o agora, é impossível ser feliz.

A felicidade é algo interno, e não depende de você alcançar determinada meta, de você ter dinheiro, de você ter um casamento perfeito. Estar feliz depende da interpretação que sua mente faz da realidade.

Shawn Achor, autor do livro *O Jeito Harvard de Ser Feliz*, fez uma pesquisa e descobriu que não é o sucesso que traz a felicidade, e sim a felicidade que traz o sucesso. Ele identificou isso em todas as áreas da vida: trabalho, saúde, amizade, energia...

Resumidamente, ele percebeu que grande parte dos alunos da Universidade de Harvard não estava feliz. Eles se sentiam cobrados, com um grande nível de estresse, porque entendiam que precisavam fazer jus à oportunidade de estudar nessa consagrada instituição.

Enquanto isso, em uma escola da África, alunos que tinham condições precárias se sentiam motivados e entusiasmados, porque entendiam que era um privilégio estar ali.

Os alunos que estavam focados no estresse e na pressão estavam deixando passar as oportunidades que se apresentavam debaixo do nariz deles. Já aqueles que consideravam um privilégio chegar a Harvard pareciam brilhar ainda mais.

A mente presa ao Ciclo da Ansiedade Emocional fica preocupada com coisas do futuro, que nem aconteceram e que você nem sabe se vão acontecer. Essa mente se cobra demais. Ausente do momento presente, focada apenas no "quando", ela faz você acreditar que precisa fazer cada vez mais para ser feliz.

A interpretação que sua mente faz da realidade é que determina se você é feliz ou não. E você se lembra como a mente interpreta a realidade? Através dos condicionamentos mentais e dos circuitos emocionais reativos! Lá no início do livro falamos sobre isso.

> **Responda:**
> Você se cobra demais?
> É rígido consigo mesmo?
> Sente muitas vezes que sua vida está pesada demais?

Você não precisa de nada para ser feliz agora!

Uma mente presa ao Ciclo da Ansiedade Emocional é submetida a muitas cobranças internas.

A algum tempo atrás, eu assisti a uma entrevista da top model Gisele Bündchen, na qual a repórter perguntou: "Se você pudesse voltar no tempo, o que teria feito diferente?"

Sabe o que ela respondeu? Se pudesse mudar uma coisa só na sua vida, ela teria se cobrado menos para que a vida simplesmente fosse mais leve.

Isso me marcou profundamente, porque naquele momento eu também estava me cobrando demais. Já faz alguns anos que vi essa entrevista, e ainda faz todo o sentido para mim.

Você já se sentiu assim também?

Pois é, a nossa mente ansiosa acaba complicando as coisas simples e faz com que vida fique muito pesada. Assim, acabamos esquecendo que viver é um privilégio, uma oportunidade rara.

Veja a sua vida como um privilégio, esse é o segredo para conseguir manter a sua conexão interior.

Essa percepção muda definitivamente o seu nível de energia interno. Você fica mais solto, as coisas fluem mais, você ativa a lei do menor esforço. Por isso, veja a vida como uma oportunidade e não como um fardo.

Sim, eu sei que é fácil falar, que na prática, na vida real, quando as dificuldades surgem, não é bem assim. Mas vamos tentar?

Quando você "Entrega, Confia, Aceita e Agradece", é capaz de perceber o verdadeiro valor da vida e acessa um nível de energia onde existem infinitas possibilidades.

[GRATIDÃO] COMO SUPERAR MOMENTOS DIFÍCEIS

O Universo ama gratidão, isso é um fato!

Este é um verdadeiro mantra para mim: O Universo ama gratidão!

Quanto mais você agradece, mais motivos o Universo vai lhe dar para agradecer. Tudo é uma questão de sintonia, onde você escolhe sintonizar sua mente.

A gratidão tem o poder de elevar a sua energia, de ativar a sua conexão interior e conectar você ao fluxo da vida.

É fácil sentir gratidão quando tudo está bem. Agora, quando as coisas estão difíceis, quando você sente medo, tristeza e insatisfação, como sentir gratidão?

Eu sei que pode parecer difícil, e talvez até mesmo impossível, sentir gratidão por uma experiência de dor. E isso é normal, está tudo bem.

Só que mesmo quando tudo está difícil ainda existem motivos para agradecer, nem que seja por você estar respirando.

Quando a mente ansiosa está vivendo um momento de medo, de dor ou de dificuldade, ela não enxerga uma saída. Ela se sente vítima, os problemas ganham uma proporção maior do que realmente são. Quanto mais tempo ela permanecer ali, pior vai ficar...

E como sair de uma crise de ansiedade, de medo ou de dor?

Respire e agradeça!
Respire e agradeça!
Respire e agradeça!

No momento em que você realmente sentir gratidão, você muda sua frequência vibratória e sua mente se sintoniza com uma energia superior.

É preciso sentir gratidão e não apenas pensar gratidão. Lembra da diferença entre a força do pensamento e a do sentimento?

A gratidão não pode ser mecânica, ela precisa transbordar do seu coração, precisa ser sentida, precisa ser verdadeira para que dê o efeito que você deseja.

Há um exercício muito poderoso que vou compartilhar com você na parte reservada aos exercícios do capítulo. Ela vai ajudá-lo a transbordar de gratidão, não importa a situação em que você esteja.

Quando você tiver maturidade emocional, e entender o poder que tem de criar a sua realidade, será muito mais fácil sentir gratidão. Por isso, a autorresponsabilidade é tão importante para a nossa evolução.

Quando deixa de ser vítima e para de achar culpados, você compreende que é responsável pelo seu agora. Então, fica muito mais fácil se sentir grato.

Quando você aplica o capricho na sua vida, faz o melhor que você tem na atual condição, confia no fluxo da vida, sabe e mantém sua conexão interior, a gratidão brota naturalmente do seu coração.

Tudo o que acontece na vida tem um propósito, tudo que acontece está certo, tudo está conectado.

Quando as coisas não acontecerem como você esperava, quando tudo parecer dar errado, pergunte a si mesmo: "O que eu preciso aprender com isso?"

Não é o que os outros acham ou pensam, mas o que o seu coração diz.

Quanto mais você se conecta com o seu interior, mais presente fica e mais gratidão sente. Quanto mais gratidão sente, mais você ativa a sua conexão interior. Ao chegar nesse ponto, você é capaz de experimentar a vida com as suas infinitas possibilidades.

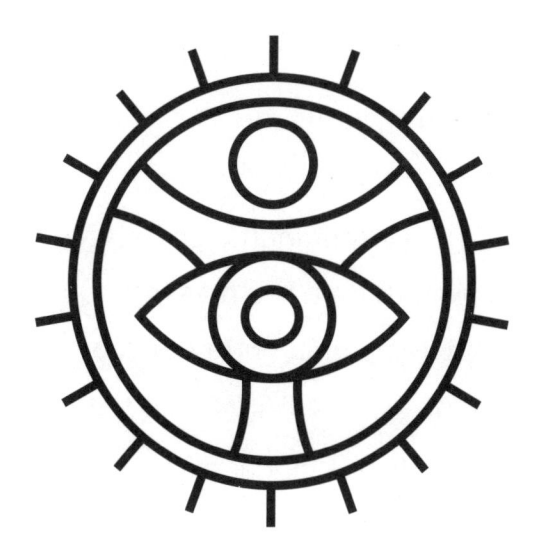

O SEU FUTURO DEPENDE
DO SEU AGORA.
O PASSADO É UMA LEMBRANÇA,
E NADA PODE SER FEITO.
O FUTURO É UMA PROJEÇÃO,
E TAMBÉM NÃO PODEMOS AGIR NELE.

> **Tudo o que temos é o presente.**

Se você sente ansiedade, medo ou insatisfação, é porque em algum momento se desconectou de si mesmo, se desconectou do momento presente.

Neste livro, vimos que a ansiedade é gerada por uma mente ausente do presente. A mente ansiosa fica presa ao passado (remoendo o que já passou) ou ao futuro (tentando controlar o que ainda não aconteceu).

Lembre-se que o tempo é circular, e o presente é o zero, onde tudo acontece.

Quando muda o seu sentimento em relação aos fatos do passado, você modifica o seu presente. Quando altera o seu presente, toma uma outra direção, você transforma o seu futuro.

Por isso, se você deseja mudar algo na sua vida, essa mudança precisa acontecer no agora.

As mesmas ações produzem os mesmos resultados.

O que você precisa mudar agora para que, no futuro, a sua vida seja igual à vida ideal que você descreveu no exercício do passo 1?

Você pode ir fazendo pequenas mudanças (Hoje-Amanhã-Depois), e é isso que vai fazer o seu futuro ser diferente.

E se você não fizer nada? Se você apenas ler e não aplicar? Nada vai acontecer, a sua mente vai continuar exposta ao Ciclo da Ansiedade Emocional.

Você decide... o poder está em suas mãos!

A maturidade emocional, o conhecimento sobre a dinâmica da vida e a autorresponsabilidade têm o poder de trazer liberdade para você criar uma vida de infinitas possibilidades.

E agora que você já sabe que o poder de escolha está em suas mãos:

> **Você quer viver a vida preso a condicionamentos mentais e circuitos emocionais reativos, reclamar, criticar e se cobrar?**
> **Você quer viver a sua vida ou a vida dos outros?**
> **Você quer manter a sua conexão interior ou ficar voltado para o exterior o tempo todo?**
> **Você quer estar presente no momento presente ou estar ausente?**

Você tem o poder de escolher como vai ser a sua vida amanhã, a partir de agora. Cada pensamento, sentimento, palavra e ação que você escolhe ter neste momento vai determinar o seu futuro.

Assim como ansiedade é consequência, serenidade também é consequência.

Você precisa escolher entre uma ou outra. Quando você está ausente do presente, já está escolhendo a ansiedade. Quando você está presente no momento presente, já está escolhendo... a serenidade!

A ENERGIA DO AMOR TRANSFORMA

Esta última parte talvez seja a mais importante deste livro. Tudo o que leu, tudo o que praticou, preparou você para este momento.

Se eu pudesse resumir o que é a ansiedade, eu diria: é a falta de amor!

Se existe medo, preocupação, ansiedade, solidão, vazio e frustração é porque não há amor.

O amor é a energia mais poderosa que existe!

Quando eu falo amor, eu não estou me referindo ao amor romântico, aquela coisa cor de rosa.

Amor é o que você é, a sua verdadeira natureza, a sua essência.

Amor é o sentimento mais elevado, mais forte e mais intenso que o ser humano pode, deve e merece acessar.

Hoje a ansiedade é considerada o mal do século porque o ser humano desaprendeu a amar.

Vivemos em um estado de separação e isolamento, conectado com tudo e desconectados de nós mesmos.

Perdemos a noção do que é real, do que é verdadeiramente importante.

Passamos a vida correndo para, no final, nos perguntarmos: "Onde é que eu estava indo mesmo?".

Ficamos paralisados de medo, reagimos estupidamente, temos explosões emocionais, nos preocupamos demais, nos importamos demais, queremos agradar os outros, buscamos a perfeição. Tudo em busca de aprovação, ou seja, em busca de amor.

Buscamos preencher o vazio fazendo cada vez mais coisas, ficando cada vez mais ocupados, comprando mais, comendo mais, trabalhando mais, e cada vez mais distantes do amor.

Enquanto você estiver ausente do momento presente, com a mente no passado ou no futuro, desconectado da sua essência, voltado apenas para o exterior, o amor vai ser algo inatingível.

O amor está dentro de você. O amor está no agora. Porque o amor apenas é!

Quando você vibra no amor, não existe separação, julgamento, cobrança ou qualquer expectativa.

É fácil dizer que ama alguém, quando esta pessoa se comporta como você espera, quando ela pensa do mesmo jeito que você, quando gosta das mesmas coisas que você.

Só que o amor é muito maior do que isso. O amor de verdade não se importa com nada disso.

Porque o amor simplesmente é. Para o amor não existe o "eu" e o "outro". Amor é união. Amor é aceitação.

Quando você mantém a sua conexão interior, dá espaço para o amor ser.

Você já é amor.

Você não pode mudar o mundo. Você não pode mudar os outros. Mas você pode mudar a si mesmo. Quando você muda, o mundo muda também!

O exterior é o reflexo do interior. O mundo, a vida, o "lá fora", é um reflexo do que existe dentro de você, é a manifestação do interior.

Se existe amor do lado de fora é porque existe amor do lado de dentro, se há paz no lado de fora é porque há paz no lado de dentro, se existe medo e separação é porque ainda existe medo e separação dentro de nós...

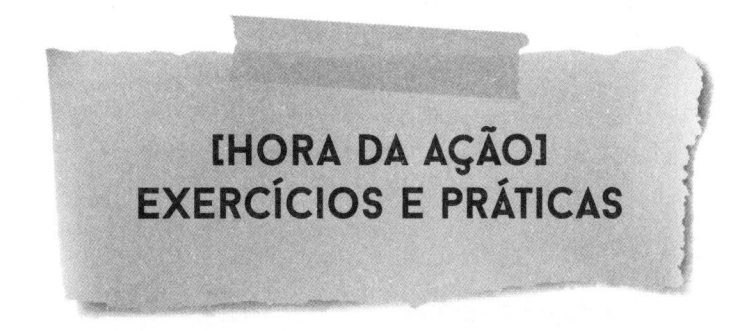

[HORA DA AÇÃO] EXERCÍCIOS E PRÁTICAS

LISTA DE GRATIDÃO

Este exercício é incrível, ele tem o poder de mudar a sua sintonia em questão de minutos!

Eu recomendo que você o aplique por 21 dias seguidos, sem falhar.

É claro, se você quiser continuar fazendo por mais tempo, será ótimo. Mais benefícios você terá!

Sempre que estiver se sentindo sobrecarregado, sozinho, com medo ou insatisfeito com a vida, faça esta prática.

Hoje, você pode fazer o exercício aqui no livro. Depois, escolha um caderno só para isso: *O Caderno da Gratidão*. (É ótimo rever os motivos para ser grato depois de um tempo).

✓ A primeira coisa a fazer é criar um clima, preparar o ambiente. Coloque uma música suave, um som de natureza, um mantra.

✓ Faça um Momento de Presente Precioso.

✓ Pegue uma caneta e comece a escrever seus motivos para agradecer.

✓ Talvez, no começo, você precise se esforçar para encontrar motivos para ser grato. Porém, aos poucos, você vai mudando o foco da mente e vai se surpreender com tudo de bom que possui.

✓ Se estiver difícil de começar, comece agradecendo por você estar vivo (quantas pessoas não acordaram no dia de hoje?!). Agradeça por você respirar, por saber ler, por estar lendo este livro agora.

✓ E vá escrevendo até que a sua mão não acompanhe mais a velocidade de motivos que você tem para agradecer. Quando chegar nesse ponto, você sintonizou com a energia da gratidão e o exercício cumpriu o seu propósito.

STOP ANSIEDADE

[REVISÃO]
O QUE VOCÊ APRENDEU ATÉ AGORA

Qual é a mensagem que mais tocou seu coração neste capítulo?

_____
_____
_____
_____
_____
_____
_____
_____

Agora, com o que você aprendeu, o que você vai fazer diferente na sua vida? Quais são as mudanças que você está comprometido a fazer agora?

_____
_____
_____
_____
_____

Faça um plano de ação: quais são os exercícios que você vai implementar na sua rotina. Organize seus próximos dias listando como vai fazer para colocar em prática os exercícios:

Aproveite para acessar seus presentes on-line em:
www.stopansiedade.com.br

PALAVRA
final

TUDO DEPENDE DA MENTE!

Para chegar até aqui, foram necessários muitos anos de estudos e práticas voltadas ao autoconhecimento. Conhecimento adquirido em cursos, livros, vivências, vídeos, documentários, retiros. Mais do que isso: experiência de vida.

E, ao longo destes mais 10 anos de estudo, pesquisa e vivência, pude chegar a uma grande conclusão: tudo depende da nossa mente!

A mente pode estar calma e serena, e criar uma realidade de paz, saúde e harmonia. Mas também pode estar agitada, e criar uma realidade de ansiedade, insatisfação e medo.

Acalmar a mente é a chave para conseguir fazer qualquer mudança que você deseja na sua vida. Tudo passa por acalmar a mente **hoje, amanhã e depois (HAD)**.

Não posso deixar de encerrar este livro sem falar da importância de você colocar em prática tudo o que aprendeu aqui, pois o que você faz todos os dias determinará o seu futuro.

Há causa e consequência na sua forma de viver, em cada pequena escolha sua. O que você faz diariamente criará a sua realidade, e não o que faz esporadicamente.

Por isso, fazer práticas para acalmar a mente e buscar o autoconhecimento não pode ser algo isolado. Tudo isso precisa fazer parte da sua rotina diária, incluído no seu estilo de vida.

Ter coerência entre pensar e agir, aplicar conhecimento intelectual na vida real, no dia a dia, é o que lhe permitirá evoluir.

E eu acredito que a sua missão maior, a missão de cada ser humano, é evoluir, amar e ser feliz!

Por isso, nas minhas palavras finais, o que tenho a lhe dizer é: **viva o momento presente.**

Esteja presente para você mesmo. Esteja presente para o outro. Seja um observador da vida. É isso que lhe permitirá evoluir a cada dia.

Desejo que este livro ilumine o seu coração. Sobretudo, desejo que ele ilumine muitos corações.

**Namastê,
Amanda**

BIBLIOGRAFIA

ACHOR, Shawn. *O Jeito Harvard de Ser Feliz*. São Paulo: Saraiva, 2012.

BOWEN, Will. *Pare de Reclamar e Concentre-se nas Coisas Boas*. São Paulo: Sextante, 2009.

DREHER, Amanda. *Meditar Transforma*: um guia definitivo para acalmar a sua mente e equilibrar suas emoções com 8 minutos diários. Nova Petrópolis: Luz da Serra, 2016.

ROBBINS, Anthony. *Desperte Seu Gigante Interior*: como assumir o controle de tudo em sua vida. Rio de Janeiro: Best Seller, 2017. 30. ed.

SIEGEL, Daniel. *O Poder da Visão Mental*: o caminho para o bem estar. Rio de Janeiro: Best Seller, 2012.

SINEK, Simon. *Por quê*: Como motivar pessoas e equipes a agir. São Paulo: Saraiva, 2012.

TRUCCOM, Conceição. *Mente e Cérebro Poderosos*: um guia prático para sua saúde psíquica e emocional. São Paulo: Cultrix, 2010.

VITALE, Joe. *Limite Zero*: o sistema havaiano secreto para prosperidade, saúde, paz e mais ainda. Rio de Janeiro: Rocco, 2009.

OUTRAS PUBLICAÇÕES

Luz da Serra
EDITORA

PODER EXTRAFÍSICO:
O guia definitivo para bloquear a energia negativa das pessoas, acabar com a exaustão mental e ativar a sua verdadeira proteção energética

Bruno Gimenes e Patrícia Cândido

O seu sofá parece um Buraco Negro? Você já fez planos de chegar em casa, cuidar das suas coisas, estudar, fazer o que gosta, mas seu sofá o engole e você não tem forças para nada? Este livro vai revelar o segredo dos antigos iniciados para acabar com a exaustão mental, blindar sua aura de pessoas nocivas e limpar a energia da sua casa, em um método comprovado, simples e passo a passo.

MEDITAR TRANSFORMA:
um guia definitivo para acalmar a sua mente e equilibrar as suas emoções com 8 minutos diários

Amanda Dreher

Conheça o método para acalmar sua mente e controlar suas emoções com apenas 8 minutos diários, de forma simples e prática. Você será capaz de eliminar os maiores inimigos internos que prejudicam a vida da esmagadora maioria das pessoas: estresse, depressão, insônia, falta de concentração, dores crônicas, problemas de relacionamento e vazio no peito por não conhecer a missão de vida.

Transformação pessoal, crescimento contínuo,
aprendizado com equilíbrio e consciência elevada.
Essas palavras fazem sentido para você?
Se você busca a sua evolução espiritual,
acesse os nossos sites e redes sociais:

Luz da Serra Editora no **Instagram**:

Conheça também nosso **Selo MAP – Mentes de Alta Performance**:

No **Instagram**:

Luz da Serra Editora no **Facebook**:

No **Facebook**:

Conheça todos os nossos livros acessando nossa **loja virtual**:

Conheça os sites das outras empresas do Grupo Luz da Serra:

luzdaserra.com.br

iniciados.com.br

luzdaserra

Luz da Serra®
EDITORA

Rua das Calêndulas, 62 – Juriti
Nova Petrópolis / RS – CEP 95150-000
Fone: (54) 99263-0619
E-mail: loja@luzdaserra.com.br